Herramientas Del Copywriter

LA FÓRMULA DE LAS CARTAS DE VENTAS

Un Método Para Escribir Rápidamente Poderosas Cartas De Ventas Para Tus Productos y Servicios

¡Incluso Si Nunca Has Escrito Una!

DAVID URIBE

Publicado por David Uribe

Tabla de contenido

Introducción

Una carta de ventas para que sea efectiva debe contener una serie de elementos que garanticen su objetivo, debe poder sacar al lector de su rutina diaria y atraer su atención, debe despertar su interés a través de la empatía y hacerlo sentir que también hemos vivido y entendemos su problema, debe también hacerlo recordar su situación actual y hacerle sentir la esperanza de que hay una solución.

Al igual que sucede a los escritores de libros, seguramente has llegado a este libro porque tienes dificultad para escribir tus cartas de ventas, es probable que sufras a menudo del conocido "bloqueo del escritor" y no logres crear una carta de ventas con la calidad y rapidez que necesitas.

Escribir una carta de ventas tiene mucho que ver con el arte, la creatividad y el estilo personal, la parte artística es muy particular de cada persona y solo se puede desarrollar a base de práctica, pero también tiene una parte científica y técnica que tiene su fundamento en la psicología de los seres humanos y que aplica de la misma manera para todos. Este libro está enfocado a la parte científica y técnica de la creación de cartas de ventas.

Desde hace aproximadamente 10 años me he dedicado al marketing digital, una de las áreas que más me apasiona ha sido sin duda la escritura de material publicitario y muy en especial las cartas de ventas. Aunque no me considero un profesional en la materia, decidí desarrollar esta habilidad en vez de subcontratar para poder aplicarla a todos mis proyectos.

Para ayudarme a ser más efectivo al desarrollar mi propio material, con cada carta de ventas que he estudiado y con cada proyecto que he desarrollado, he ido acumulando información que me ha permitido crear mis archivos de consulta de material y entre ellos, un documento de referencia con una recopilación de 40 elementos principales que conforman la estructura de una carta de ventas y que pueden ser usados como "bloques de construcción" prefabricados que me permiten desarrollar rápidamente un "modelo" de mi siguiente carta de ventas y además me permite desarrollar el contenido de cada bloque rápidamente a partir de ejemplos prácticos extraídos de cartas de ventas exitosas.

He integrado en este libro mi lista completa de "bloques de construcción" documentados a detalle y con ejemplos prácticos que te servirán de base para modelar tus cartas de ventas y desarrollar el contenido de cada elemento principal dentro de ellas, de una manera fácil, rápida y efectiva.

Este libro es de uso totalmente práctico y está diseñado para ser una herramienta que te acompañe en cada nuevo proyecto, espero que al igual que a mí, te ayude a ser más eficiente al desarrollar tus próximas cartas de ventas y te permita obtener resultados rápidamente.

Comenzamos.

Cómo usar este Libro

100's de cartas de ventas

Después de trabajar en proyectos personales y estudiar cientos de cartas de ventas tanto en español como en inglés de empresas exitosas en una gran cantidad de industrias diferentes (salud, belleza, escritura publicitaria, marketing, entrenamiento para mascotas, carpintería, jardinería, dietas, repostería, fotografía, danza, etc.), he identificado una serie de elementos que se repiten una y otra vez a través de diferentes cartas de ventas y que siguen patrones de redacción muy claros.

40 bloques identificados

He identificado un total de 40 elementos principales que son utilizados una y otra vez en las cartas de ventas, los he titulado y documentado detalladamente. Cada bloque tiene un objetivo específico, en cada uno de ellos, se describe primero la etapa en la que se encuentra nuestro prospecto en relación con nuestro producto o servicio (Atención, Interés, Deseo o Acción), después se explica cuál es el contenido que debe llevar el bloque y también el efecto psicológico que se busca lograr en nuestro prospecto después de haberlo leído.

Orden secuencial de los bloques de acuerdo con el modelo AIDA

Los bloques son presentados a través del libro siguiendo un orden que se apega al Modelo clásico utilizado para desarrollar campañas de marketing conocido como AIDA que por sus siglas significa (Atención, Interés, Deseo o Acción)

Ejemplos documentados

Cada bloque contiene varios ejemplos que ilustran claramente el concepto explicado y además cuenta con varias ligas a páginas de cartas de ventas reales que lo han utilizado y que permiten apreciarlo en escenarios reales.

Guía para inspiración al desarrollar el contenido de cada bloque

Tanto los ejemplos de cada bloque documentados dentro del libro, como las cartas de ventas reales accesibles a través de las ligas publicadas en cada uno de ellos pueden ser utilizadas como plantillas generadoras de ideas o simplemente como casos de estudio que puedes adaptar (no copiar y pegar) y aplicar a tus propias cartas de ventas

Un Marco de Referencia
Como lo comentamos en la introducción, una carta de ventas tiene su lado artístico y también su lado técnico, la parte artística siempre estará representada por el sello de creatividad y estilo de redacción de cada persona, la parte técnica se basa en la psicología que todos los seres humanos compartimos, por lo que el modelo propuesto en este libro de ninguna manera pretende ser rígido en su uso, como se puede observar al analizar las cartas de ventas reales a las que se hace referencia a través del libro, algunas de ellas no utilizan todos los bloques, algunos son utilizados en un orden diferente e incluso algunos son repetidos varias veces dentro de una misma carta de ventas, se sugiere utilizarlo como un marco de referencia para desarrollar un estilo propio de trabajo.

Página final con ligas a 80+ cartas de ventas
Se ha incluido en la parte final de este libro, una página con ligas a más de 100 cartas de ventas reales que te permitirán apreciar el uso de cada bloque a través de diferentes estilos de redacción, incluso podrás apreciar el aspecto estético y de diseño de cada carta de ventas que te servirá de inspiración para tus trabajos futuros.

Sección (1)
Conceptos Fundamentales

Para poder construir una carta de ventas eficiente, es necesario entender dos conceptos particularmente importantes, el primero es el concepto de "Causa y Efecto" y el segundo es el concepto de "La Resbaladilla"

La comprensión y la aplicación de estos dos conceptos en la construcción de una carta de ventas (y en cualquier material publicitario), es esencial para permitir que nuestros lectores se interesen cada vez más en su contenido, permanezcan leyendo de principio a fin y que se logre la venta.

Causa y Efecto

Todos los seres humanos estamos programados desde que nacemos con un instinto de supervivencia. En sus inicios, la raza humana para poder sobrevivir tenía que cazar animales salvajes, a menudo mucho más grandes que los mismos cazadores, eso los obligó a vivir siempre en un estado de alerta que les permitía detectar el peligro y actuar antes de que fuera tarde, ya sea huyendo o peleando.

Esa alerta al peligro ha quedado programada en nuestro cerebro como un instinto y es tan fuerte que nos hace reaccionar de maneras muy exageradas y casi siempre de manera automática o subconsciente, el problema es que, con la evolución, la vida actual ya no representa a los seres humanos el mismo nivel de peligro, la vida ahora es mucho más segura. Pero como estamos programados a reaccionar de manera subconsciente, ahora cada vez que, desde nuestra percepción, alguna situación de la vida cotidiana, por simple que sea, la interpretamos como peligrosa (subconscientemente) y nos genera un sentimiento de temor o incertidumbre, reaccionamos de manera automática para evitar el supuesto peligro y actuamos para buscar seguridad.

Según el neurocientífico Antonio Damasio, son nuestros sentimientos los que deciden por nosotros el 95% del tiempo. Sentimos antes de pensar. Sentimos antes de actuar. Como dice Damasio, los seres humanos somos "máquinas de sentir que piensan", no "máquinas de pensar que sienten". Y así es como finalmente tomamos decisiones, en función de cómo nos sentimos.

Si trasladamos ese conocimiento hacia la escritura de nuestra carta de ventas y en general a cualquier tipo de escritura publicitaria, entonces podemos aplicarlo a nuestro favor.

Si podemos recrear en la mente de nuestros prospectos, a través de los textos de nuestra carta de ventas, por una parte, situaciones donde le hagamos recordar una causa (*lo que ha hecho o ha dejado de hacer nuestro prospecto y que le ha llevado al problema que busca resolver*) e inmediatamente después le hagamos experimentar el efecto o consecuencia (*el problema que actualmente tiene por lo que hizo o dejó de hacer*) entonces le provocaremos sentimientos negativos como temor, incertidumbre, frustración, etc. y también un impulso a tomar acciones que lo lleven a evitar esas situaciones.

De manera similar, debido a que reaccionamos subconscientemente siendo atraídos hacia lo que nos produce placer, entonces, si podemos recrear en la mente de nuestro prospecto, situaciones donde le hagamos experimentar una causa (*lo que puede hacer para solucionar el problema que tiene actualmente tiene*) e inmediatamente después le hagamos experimentar el efecto o la consecuencia (*los beneficios que obtiene al solucionar su problema*), entonces provocaremos en él sentimientos positivos como seguridad, tranquilidad, reconocimiento, pertenencia, status social, etc. y por lo tanto, también un impulso a tomar acciones que lo lleven a experimentar esas situaciones.

Por lo tanto, si podemos generar emociones positivas y negativas en nuestros prospectos, entonces podemos activar su instinto de supervivencia y generar en ellos acciones orientadas a los resultados que queremos, que en este caso es que compren nuestro producto o servicio.

Para ilustrar mejor el concepto de causa-efecto, a continuación, se muestran algunos segmentos de texto que muestran cómo generar sentimientos negativos y positivos en nuestros prospectos utilizando el principio de causa-efecto.

Ejemplos de sentencias de Causa-Efecto que evocan sentimientos positivos:

"Estudios han mostrado que, usando regularmente esta pasta dental, aclara la sonrisa dos niveles, lo cual a su vez crea una sonrisa mucho más atractiva"

Causa: Estudios han mostrado que usando regularmente esta pasta dental.
Efecto: aclara la sonrisa dos niveles, lo cual a su vez crea una sonrisa mucho más atractiva.

***

"Si puedes crear una Presentación de Power Point de 3 a 5 páginas, entonces puedes crear Cartas de Ventas con poder Hipnótico que generan un alto porcentaje de conversión"

Causa: Si puedes crear una Presentación de Power Point de 3 a 5 páginas.
Efecto: entonces puedes crear Cartas de Ventas con poder Hipnótico que generan un alto porcentaje de conversión.

***

"Crea Encabezados Que Enganchan a Tus Prospectos Inmediatamente"

Causa: Crea Encabezados. *Efecto*: Que Enganchan a Tus Prospectos Inmediatamente.

Ejemplos de sentencias de Causa-Efecto que evocan sentimientos negativos:

¿Demasiado estresado para mirarte en el espejo, porque tienes miedo de que salga otro cabello gris?

Efecto: ¿Demasiado estresado para mirarte en el espejo, *Causa*: porque tienes miedo de que salga otro cabello gris?

***

¿Cansado de ver que mechones de cabello caen al piso, debido a los productos para el cabello peligrosos para ocultar tu cabello gris o blanco?

Efecto: ¿Cansado de ver que mechones de cabello caen al piso, *Causa*: debido a los productos para el cabello peligrosos para ocultar tu cabello gris o blanco?

***

¿Te sientes inseguro, porque tu cabello gris te hace ver mucho más viejo de lo que eres?

Efecto: *¿Te sientes inseguro,* **Causa**: *porque tu cabello gris te hace ver mucho más viejo de lo que eres?*

***

¿Eres constantemente rechazado por el sexo opuesto porque la persona que te atrae no se siente atraída por "tu pelo blanco"?

Efecto: *¿Eres constantemente rechazado por el sexo opuesto* **Causa**: *porque la persona que te atrae no se siente atraída por "tu pelo blanco"?*

***

¿Sufres de baja autoestima debido a lo oscuro o desigual que es el color de tu piel?

Efecto: *¿Sufres de baja autoestima* **Causa**: *debido a lo oscuro o desigual que es el color de tu piel?*

***

¿Te asusta que te tomen una foto porque odias la apariencia de tu piel?

Efecto: *¿Te asusta que te tomen una foto* **Causa**: *porque odias la apariencia de tu piel?*

A la luz de esta idea, si analizas las cartas de ventas de los grandes copywriters, podrás ver que, de una manera muy sutil, casi imperceptible, el concepto de causa-efecto es utilizado prácticamente en todas las secciones de las cartas de ventas.

El utilizar sentencias de causa-efecto a través de toda la carta de ventas es una de las maneras más poderosas de mantener a nuestros prospectos en un estado de emoción constante, de obligarlos a seguir leyendo hasta el final y a tomar acción.

Lo cual nos lleva justamente a nuestro siguiente concepto.

La Resbaladilla

Imagina que estás en un parque, y subes por las escaleras de una resbaladilla, te sientas en la parte superior, te preparas para deslizarte ... y te lanzas, permitiendo que la fuerza de gravedad te deslice hacia abajo.

Conforme te deslizas, adquieres velocidad, cada vez más, entonces tratas de detenerte sosteniéndote de los pasamanos laterales, pero independientemente de todos tus esfuerzos, no puedes, continúas deslizándote hasta que llegas al final.

Esta es la forma en que tu carta de ventas debe fluir.

Cada elemento de tu carta de ventas debe crear este efecto, el encabezado debe ser tan poderoso y convincente que te obligue a leer el sub encabezado, y este a su vez debe ser tan poderoso que te convenza de leer el primer párrafo y este también debe ser tan fácil de leer y atractivo que te convenza de leer el siguiente, y así sucesivamente por toda tu carta de ventas hasta llegar al final.

Una manera muy efectiva de aplicar el concepto de la "Resbaladilla" es formar una cadena de sentencias de causa-efecto a través de toda la carta de ventas. La idea de causa-efecto está programada en lo profundo de nuestros cerebros.

Visto como un diagrama, los conceptos de Causa-Efecto y de Resbaladilla en una carta de ventas se verían de la siguiente forma:

Conceptos de Causa-Efecto y de Resbaladilla
en una Carta de Ventas

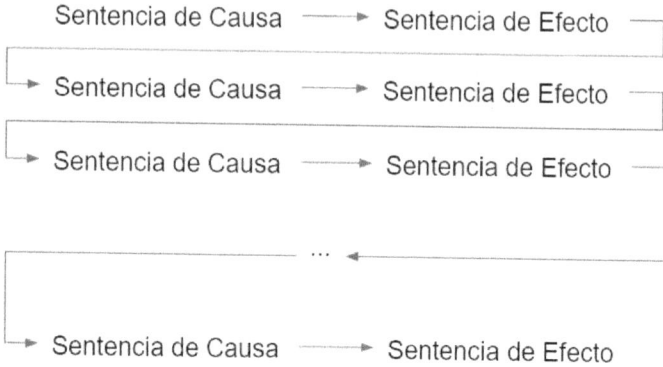

Una manera de hacer que las sentencias en nuestra carta de ventas deslicen naturalmente hacia la siguiente, es escribiendo la causa en una sentencia y el efecto en la siguiente.

Conceptos de Causa-Efecto y de Resbaladilla
en una Carta de Ventas

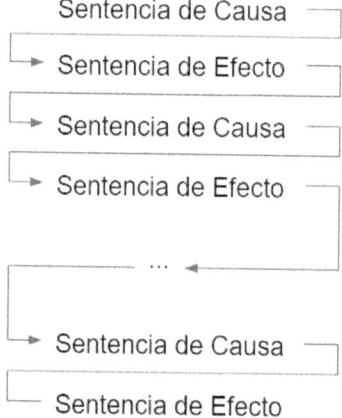

En la Sección "Bloques de Construcción" donde analizaremos a detalle cada uno de ellos, en los ejemplos utilizados, donde sea aplicable, resaltaremos el uso de los conceptos de causa-efecto y de Resbaladilla donde podrás apreciarlos en acción.

Utiliza estas dos técnicas en tu carta de ventas y en general en todo tu material publicitario y pronto te darás cuenta de que juntas, la idea de causa-efecto y la de resbaladilla combinadas, forman una de las armas más poderosas dentro del arsenal de los copywriters de clase mundial.

En el siguiente capítulo cubriremos a detalle la secuencia lógica que debe seguir una carta de ventas para llevar a nuestros prospectos por una serie de momentos emotivos que permitirán que cuando llegue al final, tanto de manera subconsciente (emocionalmente) como de manera consciente (a través de la razón) ya hayan tomado la decisión de comprar nuestro producto o servicio.

Sección (2) Un Modelo Completo de tu Carta de Ventas

El Modelo AIDA

El modelo AIDA se utiliza ampliamente en mercadotecnia y publicidad para describir los pasos o etapas por los que debe pasar nuestro prospecto y el orden en qué deben ocurrir al promocionar productos o servicios, y van desde el momento en que un prospecto se da cuenta por primera vez de la existencia de un producto o servicio hasta que realiza la compra.

La secuencia que propone el modelo AIDA es la siguiente:

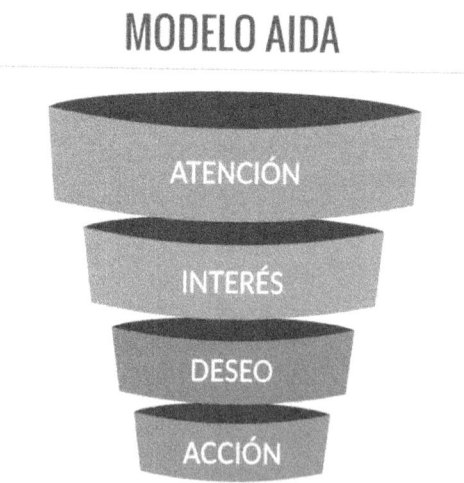

(A)tención – Se refiere al momento cuando el prospecto establece el primer contacto con el producto o servicio, generalmente a través de algún material publicitario.

(I)nterés – El prospecto se interesa en el producto o servicio al aprender acerca de los beneficios que ofrece y cómo se alinean con sus necesidades.

(D)eseo – El prospecto desarrolla una disposición favorable hacia el producto o servicio y un deseo de adquirirlo.

(A)cción – El Prospecto toma la decisión y realiza la compra.

Basados en este modelo, nuestra carta de ventas y en general todo nuestro material publicitario debe seguir esa secuencia de eventos para garantizar que nuestros prospectos avancen correctamente por todas las etapas y logremos finalmente realizar la venta.

El objetivo de este manual es que conozcas y aprendas a utilizar los bloques de construcción que pueden ser utilizados en cada una de las etapas del modelo AIDA y puedas desarrollar cada una de estas etapas en tu carta de ventas de la manera más rápida, completa y eficiente posible.

Bloques de Construcción del Modelo AIDA

ATENCIÓN

INTERÉS

DESEO

ACCIÓN

A continuación, se enlistan algunos ejemplos de bloques de construcción que pueden ser utilizados en cada una de las secciones del modelo AIDA

ATENCIÓN
- Pre-Encabezado
- Encabezado
- Lead
  ...

INTERÉS
- Preguntas Negativas de Causa-Efecto
- Sección "No es tu culpa ..."
- Sección "No estás Solo ..."
...

DESEO
- Sentencias Positivas de Causa-Efecto
- Conjunto de Acuerdos
- Conjunto de Sentencias de Futuro Positivo ...

ACCIÓN
- Sección "Es tiempo de Actuar - Opciones"
- Garantía - Llamada a la Acción
  ...

Una vez que conozcas todos los bloques disponibles, te será muy fácil armar tus propios modelos de cartas de ventas seleccionando los que mejor se adapten a tus necesidades.

En la siguiente sección, revisaremos a detalle cada uno de los bloques de construcción, donde conocerás su definición, usos, detalles importantes y ejemplos.

Aunque el enfoque de este libro es hacia las cartas de ventas escritas, el uso del modelo AIDA y de los bloques de construcción presentados en este libro es universal, por lo que igualmente pueden ser utilizados en los diferentes formatos de material publicitario como videos, webinars, emails, blogs, etc.

Un Marco de Trabajo para escribir una Carta de Ventas

Una vez entendido el Modelo AIDA, el segundo paso para escribir una carta de ventas exitosa es tener un Marco de Trabajo que nos ayude a visualizar de manera más fácil el contenido de una carta de ventas.

A continuación, se muestra una imagen que contiene los diez **puntos generales que debe cubrir toda carta de ventas**. y el orden en que deben ser desarrollados.

Marco de Trabajo para escribir una Carta de Ventas

Atraer la Atención

Mostrar que entendemos su problema

Resultados y Beneficios

Prueba Social y Credibilidad

Oferta

Pila de Valor + Bonos

Revelar Precio

Escasez y Urgencia

Garantía

Llamada a la Acción

Como se puede apreciar, este marco de trabajo nos deja perfectamente claro **que es lo que debemos hacer** para escribir una carta de ventas completa.

Pero a menos que seamos expertos en copywriting y podamos desarrollar una carta de ventas completa solamente a partir del Marco de Trabajo, seguimos enfrentando un problema, este modelo **nos dice que hacer, pero no nos dice cómo hacerlo.**

Para eso, a continuación, veremos un método que he desarrollado para escribir cartas de ventas donde cada uno de los elementos del Marco de Trabajo anterior ha sido dividido en bloques específicos.

Un Modelo Detallado para escribir una Carta de Ventas

La siguiente imagen muestra como una carta de ventas puede ser construida completamente a partir del método de "Bloques de Construcción", donde cada uno de ellos tiene una función y un orden específico dentro de la carta de ventas.

A diferencia del Modelo AIDA y del Marco de Trabajo vistos previamente, este método te dice **que es lo que tienes que hacer y también te dice cómo hacerlo.**

La manera en que funciona el método es muy simple, solamente tomas el bloque No. 1, estudia su definición y su propósito, estudia los ejemplos y visita las páginas de ventas reales que te muestran el uso del bloque en acción, y una vez entendido, desarrolla el correspondiente Bloque No. 1 de tu propia carta de ventas, después tomas el Bloque No. 2 y repites el procedimiento, después el Bloque No. 3 y así sucesivamente hasta terminar tu carta de ventas.

Como ir de Cero a un Modelo Completo de tu Carta de Ventas en 10 minutos

A continuación, tenemos un esquema que nos muestra cómo ir de cero a un modelo completo de tu carta de ventas en 10 minutos.

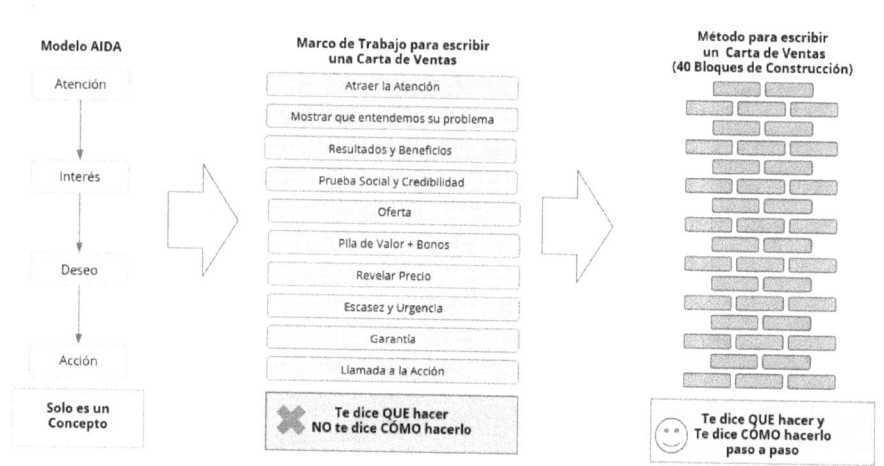

Básicamente seleccionamos de la lista de 40 Bloques los que aplican a nuestra carta de ventas (no todos los bloques se usan en todas las cartas de ventas) y que sustentan cada uno de los 10 pasos del Marco de Trabajo y tu modelo está listo.

Como escribir rápidamente una poderosa Carta de Ventas

Una vez que tienes tu modelo, simplemente desarrollamos su contenido uno por uno hasta terminar, utilizando la documentación de cada bloque como se muestra en la imagen siguiente

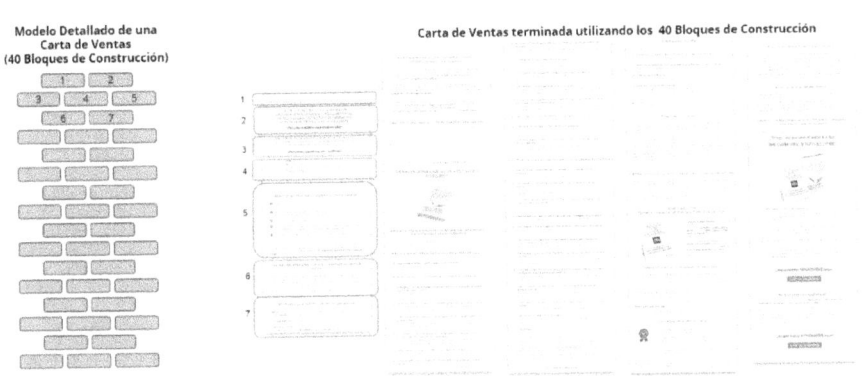

En la siguiente sección, revisaremos a detalle cada uno de los bloques de construcción, donde conocerás su definición, usos, detalles importantes y ejemplos.

Sección (3) Bloques de Construcción

En esta sección he seleccionado, clasificado y documentado los elementos que pueden ser utilizados dentro de cada sección del modelo AIDA que te permitirán de una manera mucho más fácil armar un modelo completo de tu carta de ventas, primero seleccionando los bloques de construcción que quieres integrar en cada sección del modelo, lo cual te permitirá obtener un "mapa general" de cómo va a quedar, y segundo, tomando cada bloque y desarrollándolo utilizando como referencia e inspiración los ejemplos que se incluyen en cada uno, así como las cartas de ventas reales que cada bloque sugiere a través de ligas directas a sus páginas.

Es importante mencionar que algunos bloques son requeridos y otros son opcionales dentro de una carta de ventas, además deben ser utilizados como un marco de referencia para desarrollar un estilo propio de trabajo.

La lista completa de Bloques de Construcción que se cubren en este libro es la siguiente:

1.- Pre-Encabezado
2.- Encabezado
3.- Lead
4.- Conjunto de Acuerdos
5.- Conjunto de Preguntas que generan Emociones Negativas
6.- Sentencias De Causa-Efecto que generan Emociones Negativas
7.- Sub-Encabezados
8.- Abrir Ciclos
9.- ¡No estás Solo!
10.- ¡No Es Tu Culpa!
11.- Alivia sus miedos
12.- Presentación del Autor

13.- Historia de Éxito de Autor o de Clientes

14.- Porqué deberías comprar mi producto

15.- Razones de porque hago lo que hago

16.- Conjunto de Preguntas que generan Emociones Positivas

17.- Conjunto de Sentencias De Causa-Efecto que generan Emociones Positivas

18.- Qué dicen los Expertos

19.- Testimonios

20.- Visión Futura

21.- Introducción de Producto

22.- Conjunto de Beneficios de usar mi Producto (Causa-Efecto)

23.- Conjunto de Logotipos

24.- Cómo funciona mi Producto o Servicio

25.- Descripción de Módulo/Capítulo/Sección

26.- Que hace a mi Producto Diferente (USP)

27.- Beneficios Ocultos

28.- Escasez

29.- Tabla de Comparación de Características

30.- Eliminación de Objeciones

31.- Respuestas a Preguntas Frecuentes

32.- ¿Esto es para mí?

33.- Paquete de Bonos

34.- Garantía

35.- Cierres

36.- Es momento de Decidir (Opciones)

37.- Llamada a la Acción

38.- Resumen De Oferta/Llamada la Acción

39.- Firma de Creador de Producto/Servicio

40.- Conjunto de PD's (Postdata)

Antes de Empezar

Cartas de Ventas Reales
Una de las maneras más eficientes de aprender es estudiar el trabajo exitoso realizado por otras personas. En este libro además de documentar cada concepto con ejemplos prácticos, se han incluido ligas que nos llevan a cartas de ventas reales que aplican cada concepto tratado, permitiendo de esa manera aprender directamente del trabajo de los copywriters profesionales, pero ya que estas cartas de ventas pertenecen a terceros y no tenemos ningún control sobre ellas, no podemos garantizar que las ligas estén vigentes todo el tiempo, pero te aseguro que hare mi mejor esfuerzo por mantener actualizadas las ligas a páginas de cartas de ventas vigentes.

Como ver traducidas a español las Cartas de Ventas escritas en inglés
Debido a que muchos de los mejores ejemplos de cartas de ventas están escritas en inglés, algunas cartas a las que se hace referencia en el libro a través de ligas en cada bloque están escritas en inglés, afortunadamente la tecnología está de nuestro lado y ahora es muy sencillo ver traducida al español cualquier página web escrita en otro lenguaje, y es a través de extensiones instaladas en nuestro navegador de Internet.

A continuación, se describen los procedimientos para instalar las extensiones para traducir páginas web en los navegadores Google Chrome y Mozilla Firefox.

Instalación de extensión para traducir páginas web en Google Chrome

1.-Ingresa a tu Navegador Google Chrome

2.-Instala la Extensión "Traductor de Google"
Busca en Google "Google Chrome Traductor" y haz clic en el primer resultado de la búsqueda, te llevará a la página de la Extensión para traducir Páginas Web en Google Chrome.

Solo has clic en el botón "Agregar a Chrome" y listo, ya queda instalada en tu navegador.

3.-Visualiza las Cartas de Ventas en Google Chrome

Ahora visita cualquiera de las cartas de ventas a las que se hace referencia en el libro.

La página con la carta de ventas se cargará en su lenguaje original.

Haz clic en el icono de "Traducir esta Página" que está en la barra superior de tu navegador Chrome y aparecerá un recuadro donde debes seleccionar "español" como lenguaje a traducir.

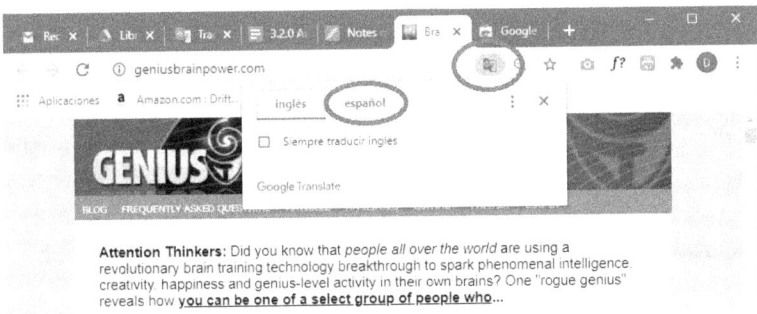

¡Listo!, la página debe aparecer traducida al español.

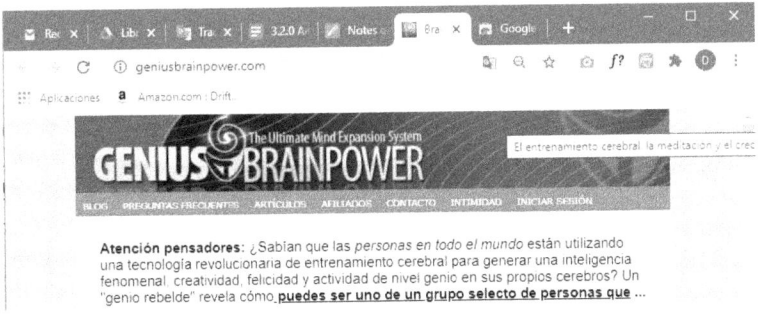

Instalación de extensión para traducir páginas web en Mozilla FireFox

1.-Ingresa a tu Navegador Mozilla FireFox

2.-Instala la Extensión "Google Translator for Firefox"
Busca en Google "Google Translator for Firefox" y haz clic en el primer resultado de la búsqueda, te llevará a la página de la Extensión para traducir Páginas Web en Mozilla FireFox.
Solo has clic en el botón "Agregar a FireFox", confirma que deseas instalarla y listo, ya queda instalada en tu navegador.

3.-Visualiza las Cartas de Ventas en Mozilla FireFox
Ahora visita cualquiera de las cartas de ventas a las que se hace referencia en el libro.

La página con la carta de ventas se cargará en su lenguaje original.

Haz clic derecho en cualquier parte de la página, aparecerá un menú desplegable, ahí debes hacer clic en la opción "Traducir esta página con el traductor de Google" como se muestra en la siguiente imagen:

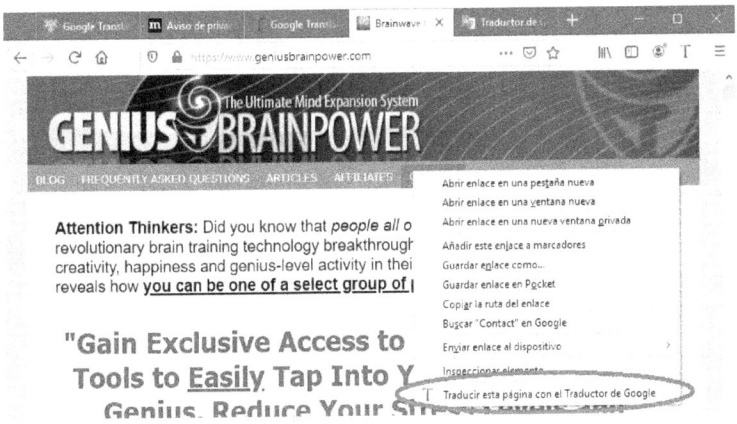

¡Listo!, la página debe aparecer traducida al español.

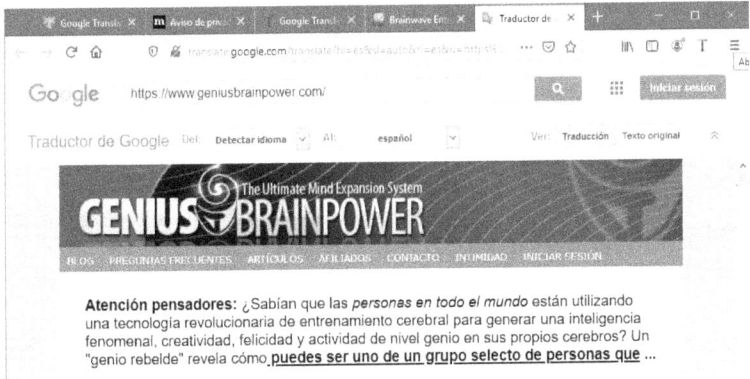

1.- Pre-Encabezado

Descripción:
El Pre-Encabezado es un elemento que puede ser opcional en una carta de ventas y cuando se utiliza es generalmente el primer elemento de todos, puede ser desde una pequeña frase de una o dos líneas hasta un párrafo completo que establece claramente desde un inicio para quien va dirigido el mensaje de la carta de ventas, evitando así la confusión al filtrar desde el comienzo a todos aquellos visitantes que no estén interesados en nuestro producto o servicio.

Propósito:
Su función específica es la de precalificar a los prospectos que necesitan nuestro producto y que pudieran ser nuestros clientes potenciales, haciendo referencia directa al segmento del mercado al que queremos llegar.

Secciones del Modelo AIDA en que se utiliza: **Atención**

Ejemplos:

El siguiente ejemplo ilustra perfectamente el concepto de pre-encabezado, donde el segmento de mercado al que queremos hacer llegar nuestra oferta son las mujeres de cualquier edad que sufren de varices y que desean volver a tener unas piernas hermosas nuevamente.

Várices Nunca Más™

Piernas Libres de Arañitas y Várices Para Siempre!

Pre-Encabezado

Atención! Para las Mujeres de Cualquier Edad Que Desean Volver a Tener PIERNAS HERMOSAS

¿Quiere Conocer el Método Oculto Que Hace Desaparecer Várices y Arañas Vasculares en 60 Días o Menos?

Encabezado

Los siguientes ejemplos corresponden a pre-encabezados que hacen referencia a diferentes segmentos de mercado.

***

ATENCIÓN: ¡Solo para PROPIETARIOS de TALLERES MECÁNICOS que quieren administrar BIEN su taller … pero NO SABEN CÓMO!

***

ATENCIÓN: ¡Emprendedores Multinivel que están FRACASANDO!

***

¡Solo para las personas que quieren crecer su lista de suscriptores y también su NEGOCIO!

***

¿Frustrado con PhotoShop y harto de los diseñadores caros?

***

ATENCIÓN: ¿Siempre has querido rediseñar el jardín de tu hogar, pero no sabes por dónde empezar?
***

Como puedes observar en los ejemplos anteriores, se hace referencia a un segmento de mercado, pero además cumple con un criterio especifico adicional (emprendedores → que están fracasando, propietarios de talleres

→ que no saben cómo administrar, personas que quieren tener un hermoso jardín en su casa → que no saben cómo hacerlo).

Ejercicios:

Visita las siguientes cartas de ventas, visualízalas en español, identifica en ellas los pre-encabezados, estúdialos y analiza sus diferentes formas y estilos. (Para ver traducidas a español las cartas de ventas en inglés ir a sección "Antes de Empezar").

https://www.geniusbrainpower.com/
http://www.ideas4landscaping.com/
http://www.ultimatecopywriting.com/index-cb.html
http://www.discoverbeekeeping.com/
https://fredsdiyplans.com/cb/
https://varicesnuncamas.com/
https://ultimatesmallshop.com/go

2.- Encabezado

Descripción:
El encabezado es frecuentemente el primer elemento de una carta de ventas, y muy probablemente el más conocido de todos, aunque puede aparecer como segundo elemento al ir precedido por un Pre-Encabezado.

Propósito:
A diferencia de lo que muchos pueden pensar, la función del encabezado no es la de vender, la única función que tiene es la de detener al lector de la actividad que esté realizando, atraer su atención, engancharlo y hacer que continúe leyendo hacia el siguiente elemento de la carta de ventas.

Existen muchas técnicas para escribir encabezados que están fuera del alcance de este libro y la cuales pueden fácilmente ser tema de otro libro completo (que escribiré próximamente) pero para facilitar las cosas, en el Apéndice A de este libro, encontrarás una recopilación de 50 plantillas de los encabezados más populares que han sido probados exhaustivamente y utilizados con gran éxito durante muchos años por los copywriters profesionales y que puedes utilizar inmediatamente para redactar el encabezado de tu carta de ventas.

Cada una de las plantillas te muestra un ejemplo de cada tipo. Las plantillas te servirán de referencia para crear tus propios encabezados, con un poco de práctica podrás modificarlos y extenderlos para adaptarlos a tus propias necesidades.

Secciones del Modelo AIDA en que se utiliza: **Atención**

Ejemplos:
Los siguientes ejemplos corresponden a encabezados que hacen referencia a diferentes segmentos de mercado.

¡Descubre el secreto Anti-Edad para lucir un rostro 5, 10 y hasta 20 años más joven en solo 30 días!

***

¿Te gustaría que tus pinturas se vean tan reales que den ganas de tocarlas?

***

Cómo convertir esos acordes básicos en verdaderas obras de arte.

***

¿Deseas quedar embarazada en 60 días o menos, atacando la causa real del problema, utilizando un método 100% seguro y científicamente probado?

***

Descubre Cómo Puedes Controlar Los Nervios, Crear Presentaciones Profesionales y Proyectar una Imagen Profesional cuando Hables en Público...

En los ejemplos anteriores puedes observar que el encabezado básicamente deja saber (de manera directa o indirecta) que existe una solución a un problema determinado y opcionalmente deja saber algunos beneficios que se obtienen con dicha solución.

Ejercicios: Visita las siguientes cartas de ventas, visualízalas en español, identifica en ellas los Encabezados, estúdialos y analiza sus diferentes formas y estilos. (Para ver traducidas a español las cartas de ventas en inglés ir a sección "Antes de Empezar").

https://adiosdolordeespalda.com/
https://adioscistitis.com/
http://www.alimentosparabelleza.com/
http://comoquedarembarazada.net/
https://gimnasiafacial.net/
https://varicesnuncamas.com/
http://www.adios-varices.com/

https://www.woodprofits.com/
https://www.truthaboutabs.com/fat-burning-kitchen.html
https://offer.metaboliccooking.com/home31212303
https://www.aquaponics4you.com/
https://www.ukulelebuddy.com/
https://froknowsphoto.com/dslr-video-guide/
https://www.guitarcontrol.net/cb/
https://www.musicpromotionmachine.com/
http://www.bellydancingcourse.com/go.htm
http://www.makeamarimba.com/buildamarimba/index.html

3.- Lead

Descripción:
Corresponde al primer párrafo que se encuentra inmediatamente después del encabezado. Puede ir desde una simple oración hasta un párrafo completo.

Decidí dejar el nombre de este bloque en inglés porque no encontré una palabra especifica en español que sirva como título y describa su función, pero al buscar la traducción encontré las siguientes palabras que juntas nos permiten hacernos una idea clara del objetivo de este bloque.

Lead → conducir, dirigir, guiar, llevar

Propósito:
El propósito del Lead es persuadir al prospecto emocionalmente. Este elemento es de vital importancia ya que es la primera oportunidad dentro de toda la carta de ventas de despertar esa respuesta emocional, si en este punto no se logra este objetivo, difícilmente continuará leyendo y perderemos al prospecto sin importar lo que venga después en nuestra carta de ventas.

Secciones del Modelo AIDA en que se utiliza: **Atención**

Ejemplos:
En los ejemplos siguientes, se incluye en cada ejemplo el encabezado correspondiente para referencia.

*"Yo tenía un pie en la tumba y el otro sobre una cascara de plátano, mi doctor me envió a mi casa a morir..." **(Encabezado)***

*¡Pero lo que sucedió después puede llamarse un milagro! **(Lead)***

***

¡En el futuro así es como la gente aliviará la inflamación de las articulaciones!
(Encabezado)

¡Pero tú no tienes por qué esperar!, puedes iniciar ahora mismo! ***(Lead)***

***

¿No puedes dormir? ¿No duermes toda la noche? ¿Te levantas muy temprano?
(Encabezado)

¡Nunca MÁS! ***(Lead)***

***

¿Sientes tus manos y pies como bloques de hielo? ***(Encabezado)***

¡Descubre remedio completamente natural para la mala circulación! ***(Lead)***

***

¡Lee esto o MORIRAS! ***(Encabezado)***

Actualmente tienes un 95% de probabilidad de morir por causa de una enfermedad o condición para la cual existe una cura conocida en algún lugar de este planeta. ¡Me gustaría liberarte de ese destino!
(Lead)

En los ejemplos anteriores puedes apreciar que el encabezado se encarga de establecer el problema y el lead se encarga de establecer una conexión emocional entre el prospecto y la solución.

Ejercicios:
Visita las siguientes cartas de ventas, visualízalas en español, identifica en ellas los Leads, estúdialos y analiza sus diferentes formas y estilos. (Para ver traducidas a español las cartas de ventas en inglés ir a sección "Antes de Empezar")

http://www.alimentosparabelleza.com/
https://www.geniusbrainpower.com/
https://www.grayhairnomore.com/

http://www.coverthypnosis.net/
https://sawdust-addict.com/wtc/

4.- Conjunto de Acuerdos

Descripción:
Un conjunto de acuerdos es una técnica muy utilizada en ventas, también es conocida como "Resbaladilla de Acuerdos", o "Conjunto de Si's" y consiste en una serie de preguntas distribuidas a todo lo largo de la carta de ventas en las que la respuesta a dichas preguntas deliberadamente siempre será un "Sí".

Funciona construyendo inercia a través de una serie de respuestas "sí" para que también respondan "sí" a tu propuesta final (tu producto o servicio) sin pensarlo. La psicología dice que las personas hacen cosas y justifican sus acciones después. En otras palabras, una vez que dicen que sí, justificarán esa decisión, en lugar de cambiar de opinión.

El propósito de un Conjunto de Acuerdos es preparar al prospecto de manera subconsciente a estar de acuerdo con la propuesta final de adquirir nuestro producto o servicio.

Secciones del Modelo AIDA en que se utiliza: **Atención, Interés, Deseo, Acción**

Ejemplos:
Ejemplo 1.- Las siguientes preguntas corresponden a una sola carta de ventas cuyo propósito es promover un servicio de Elaboración de Curriculum Vitae y las preguntas están distribuidas a todo lo largo de la carta de ventas.

"¿Te gustaría tener ese trabajo que siempre has soñado: ¿un salario excelente, buen ambiente de trabajo y un jefe amable?"

***

"¿No es ya el momento de conseguir un mejor trabajo?"

***

"¿Estas cansado de la misma rutina diaria?"

***

"¿Puedes imaginarte un mayor salario, un salario que realmente te mereces?"

***

"¿Te estás ahogando en un mar de compañeros de trabajo incompetentes, horas extras no pagadas y un montón de papeleo?"

***

"Puedes verte en tu nueva oficina, ¿no es así?"

***

"¿Te das cuenta de lo bien que se siente cuando te felicitan por tu trabajo?"

***

"¿Quieres una mejor calidad de vida?"

***

"¿Alguna vez te preguntaste," ¿Por qué me he quedado en este trabajo mediocre? "

Ejemplo 1.- Las siguientes preguntas corresponden a una carta de ventas cuyo propósito es promover un curso sobre escritura publicitaria.

¿Te gustaría ser un mejor escritor?

***

¿Te gustaría crear contenido que la gente recuerde, twittee y más?

***

¿Te gustaría escribir contenido que inspira a tu audiencia a hacer clic, suscribirse y comprar?

***

Ese es el Santo Grial de la escritura publicitaria, ¿verdad?

***

... ¿Estás listo?

Como puedes ver en los ejemplos anteriores, todas las preguntas están diseñadas para que el prospecto responda un "Sí" y se prepare poco a poco y de manera subconsciente a aceptar nuestra propuesta.

Puedes utilizar las preguntas desde el encabezado, en tus sesiones de viñetas, en párrafos, y puedes incrementar su efectividad agregando a cada pregunta ejemplos, sentencias emocionalmente cargadas, etc.

Para obtener mejores resultados se recomienda utilizar al menos 3 preguntas a lo largo de la carta de ventas.

Las preguntas de tipo Conjuntos de Acuerdos normalmente no van juntas y pueden ser puestas prácticamente en cualquier lugar dentro de la carta de ventas.

Recuerda, en una carta de ventas puede haber diferentes tipos de preguntas, pero solo a las que corresponden a un Conjunto de Acuerdos la respuesta siempre debe ser un "Sí".

Ejercicios: Visita las siguientes cartas de ventas, visualízalas en español, estúdialas, analizas e identifica en ellas a través de toda la redacción las preguntas que conforman el Conjunto de Acuerdos. (Para ver traducidas a español las cartas de ventas en inglés ir a sección "Antes de Empezar")

Sugerencia: Para encontrar más fácilmente en las cartas de ventas las preguntas que corresponden al Conjunto de Acuerdos, busca en la página el signo de Interrogación (?) para ir directamente a cada pregunta.

http://www.coverthypnosis.net/
https://20daypersuasion.com/
https://naturesquickconstipationcure.com/

5.- Conjunto de Preguntas que generan Emociones Negativas

Descripción:
Este bloque consta de una serie de preguntas que hacen referencia a situaciones en las que nuestro prospecto experimenta alguna emoción negativa como miedo, dolor, frustración, etc. debido a su situación actual.

Propósito:
El propósito de este bloque es incrementar el interés y crear empatía con el prospecto al hablarle de situaciones negativas que le resultan muy familiares y que desea eliminar, la idea es que piense "Él conoce mi situación, entiende mi problema, a lo mejor me puede ayudar".

Observaciones:
Una variante que puede ser utilizada en este bloque es cambiar el formato de pregunta por el de una sentencia de tipo "Si ...", como, por ejemplo:

¿Sufres por causa de tus piernas arqueadas?

Si sufres por causa de tus piernas arqueadas

Secciones del Modelo AIDA en que se utiliza: **Atención, Interés**

Ejemplos:
Ejemplo 1.- El siguiente conjunto de preguntas corresponde a una carta de ventas donde se promueve una solución alternativa para corregir el defecto de piernas arqueadas.

Estimado Amigo:

¿Sufres por causa de tus piernas arqueadas?

¿Estas consciente de la malformación de tus piernas?

¿Esta condición ha afectado tu confianza y autoestima?

¿Estas harto de sentirte avergonzado por tus piernas y solo quieres ser como todos los demás?

¿Siempre te has preguntado si hay algo que pudieras hacer para corregir tus piernas y que no involucre el riesgo de una cirugía?

¿Estas preocupado que por no hacer nada acerca de tu condición pudieras tener problemas como artritis en el futuro?

Si respondiste "Sí" a alguna o a todas las preguntas anteriores, entonces has llegado al lugar correcto.

Ejemplo 2.- El siguiente conjunto de preguntas corresponde a una carta de ventas donde se promueve una solución para revertir las canas de manera natural.

Estimado Lector:

¿Asustado por las canas prematuras?

¿Te estresa verte en el espejo porque te asusta ver cada día más canas?

¿Cansado de ver mechones de cabello caerse al piso por causa de los productos que usas para ocultar las canas?

¿Te sientes inseguro porque tu cabello cada vez más gris te hace parecer más viejo de lo que en realidad eres?

¿Eres rechazado constantemente por el sexo opuesto porque luces demasiado viejo?

¿Cansado de que te llamen Abuelo y Viejo?

Si estás buscando un método natural para recuperar el color original de tu cabello y deshacerte de las canas, entonces este es el reporte más importante que habrás leído, aquí te digo porque:

Ejemplo 3.- El siguiente conjunto de preguntas corresponde a una carta de ventas donde se promueve una solución para aclarar la piel.

¿Sufres de baja autoestima debido a lo oscuro o desigual que es el color de tu piel?

¿Te sientes avergonzado o asustado de aparecer en público debido a la apariencia de tu piel?

¿Estas cansado de malgastar dinero en productos caros para blanquear la piel que NO funcionan?

¿Aplicas productos que han secado tu piel, haciéndola oscura y seca?

¿Estas harto de usar cremas o blanqueadores de piel sin receta, con CERO Resultados?

¿Intentas de todo, desde exfoliaciones de cuerpo completo hasta tratamientos costosos para aclarar tu piel con poco o ningún resultado?

¿Aplicas constantemente bloqueador solar para asegurarte de que el color de tu piel se mantenga igual?

¿Te asusta que te tomen una foto porque odias la apariencia de tu piel?

Ejemplo 4.- En el siguiente ejemplo, el conjunto de sentencias utiliza el formato de tipo "Si ..." y corresponde a una carta de ventas donde se promueve una solución dirigida a las mujeres mayores para bajar de peso cuando sufren de sobrepeso por problemas en el funcionamiento de la glándula tiroides.

Si eres una mujer de 40 años o más y aún no has logrado deshacerte de esa frustrante grasa abdominal ...

Si te sientes desgastada, exhausta y agotada y no logras recuperarte de la fatiga y la baja de energía

Si estás experimentando lagunas mentales y no logras desempeñar tus actividades normales al nivel que estabas acostumbrada

Entonces asegúrate de leer este artículo hasta el final...

Ejemplo 5.- En el siguiente ejemplo, el conjunto de sentencias utiliza el formato de tipo "Si ..." y corresponde a una carta de ventas donde se promueve un sistema paso a paso para aprender escritura publicitaria.

Si estás harto de hacer campañas publicitarias que no te generan los ingresos que tus esperas ...

Si te sientes frustrado por el tiempo que te lleva editar tu material publicitario para que termine produciendo resultados mediocres ...

Y si no quieres gastar años de tu vida intentando hacer crecer tu negocio como escritor publicitario solo para fracasar.

Entonces te van a encantar las técnicas y estrategias que vas a encontrar en nuestro nuevo Programa "Escritura Publicitaria Express".

Observaciones: Es muy importante tener cuidado al provocar emociones negativas a nuestros prospectos, demasiado dolor puede ocasionar el efecto contrario y puede hacer que abandonen la carta de ventas.

Ejercicios:

Visita las siguientes cartas de ventas, visualízalas en español, estúdialas, analízalas e identifica en ellas las secciones de preguntas o sentencias de tipo "Si…" que generan emociones negativas. (Para ver traducidas a español las cartas de ventas en inglés, ir a sección "Antes de Empezar")

http://www.skinwhiteningforever.com/
http://www.ideas4landscaping.com/
https://www.grayhairnomore.com/
https://www.bowlegsnomore.com/

6.- Sentencias De Causa-Efecto que generan Emociones Negativas

Descripción:
Este bloque consta de una serie de sentencias que utilizan el concepto de causa-efecto para generar en él emociones negativas donde en la primera parte de cada sentencia, le recordamos a nuestro prospecto la situación negativa que está viviendo en este momento e inmediatamente después, en la misma sentencia, le hacemos experimentar el efecto o consecuencia de no actuar y buscar una solución.

Propósito:
El objetivo de este bloque es provocar en nuestro prospecto sentimientos negativos como temor, incertidumbre, frustración, etc. y también hacerlo experimentar una necesidad de tomar acciones que lo lleven a encontrar una solución a su problema.

Secciones del Modelo AIDA en que se utiliza: **Atención, Interés**

Ejemplos:
Ejemplo 1.- E siguiente conjunto de sentencias corresponden a una carta de ventas que promueve una solución para eliminar la Queilitis Angular.

Esto es lo que suele pasar:

*Depresión y vergüenza: (**causa**) ante la idea de que alguien te mire a la cara y vea grietas rojas, llenas de baches y sangre en la boca, preferirías unir los labios con cinta adhesiva si tienes que salir. (**efecto**)*

*Tratamientos médicos: **(causa)** seguro, su médico puede intentar ayudarlo. Pero le tomará días adaptarlo a su horario, y no se sabe cuánto costará su tratamiento y si FUNCIONARÁ. **(efecto)***

*Tratamientos tópicos: **(causa)** ha probado cremas, lociones y pociones para que nada suceda. Si supieras que estos productos serían una pérdida de dinero, simplemente te pondrías aceite de oliva en la boca y esperarías a que todo desaparezca. **(efecto)***

*Daño físico: **(causa)** en realidad, usted mismo ha pensado en eliminar físicamente los bultos feos alrededor de sus labios. Al menos no tendrá que explicarle a nadie que las áreas blancas y rojas crujientes alrededor de su boca NO son el resultado de una enfermedad de transmisión sexual como el herpes labial o el herpes. **(efecto)***

Ejemplo 2.- E siguiente conjunto de sentencias corresponden a una carta de ventas que promueve un método natural para corregir el problema de piernas arqueadas.

Los peligros de corregir las curvaturas de las piernas con cirugía

*PELIGRO 1: la mayoría de los procedimientos quirúrgicos para corregir las curvaturas de las piernas implican la extracción de un pedazo de tibia, romper el peroné y enderezar el hueso. **(causa)** Los pacientes con frecuencia experimentan dolor e incomodidad una vez que el anestésico general ha desaparecido. **(efecto)***

*PELIGRO 2: No hay garantías de que el hueso roto se cure adecuadamente, **(causa)** por lo que podría terminar gastando miles, ¡solo para obtener un nuevo conjunto de problemas! **(efecto)***

*PELIGRO 3: Siempre existe la posibilidad de infección ósea. **(efecto)** Esto se llama osteomielitis y es causada por bacterias que ingresan al cuerpo a través de la herida abierta. **(causa)***

PELIGRO 4: *También existe la posibilidad de daño a los nervios,* **(causa)** *que puede causar que el paciente pierda la sensibilidad en la parte inferior de la pierna o, en casos extremos, en toda la pierna.* **(efecto)**

PELIGRO 5: *Después de la cirugía, muchos pacientes apenas pueden moverse durante 2-3 meses.* **(causa)** *Se espera que permanezca en la cama con abrazaderas de metal en las piernas, lo que puede provocar aumento de peso, atrofia muscular parcial y, obviamente, tendrá que tomarse este tiempo fuera del trabajo, ¡lo que la mayoría de los empleados no permitirán! Y después de eso, te enfrentas a meses de rehabilitación.* **(efecto)**

PELIGRO 6: *Con la mayoría de los procedimientos quirúrgicos, los pacientes quedan con cicatrices antiestéticas,* **(causa)** *¡lo cual puede ser aún más vergonzoso y doloroso de ver que las piernas arqueadas o las rodillas!* **(efecto)**

PELIGRO 7: *El peligro final que enfrenta con la cirugía es financiero.* **(causa)** *¡El costo de la cirugía para las curvaturas de las piernas comienza en alrededor de $ 10,000 y puede ascender hasta $ 30,000!* **(efecto)**

Entonces, ¿todavía estás interesado en una cirugía costosa, dolorosa y potencialmente peligrosa?

¿O te gustaría probar una forma completamente natural y segura de corregir la curvatura de tus piernas y hacerlo desde la comodidad de su hogar?

Ejemplo 3.- E siguiente conjunto de sentencias corresponden a una carta de ventas que promueve un método natural para corregir el problema de Síndrome de Intestino Permeable.

Conceptos clave que DEBES entender si alguna vez quieres tomar el control de tu salud y decir adiós a los síntomas del síndrome de intestino permeable

1. Hay muchos "alimentos saludables" muy publicitados que todos dicen ser una parte necesaria de tu dieta equilibrada. Pero esto no podría estar más lejos de la verdad. Es probable que estés comiendo muchos de estos alimentos todos los días, (causa) lo que en realidad está impulsando la inflamación que está empeorando los síntomas del síndrome del intestino permeable. (efecto)

2. Incluso si estás comiendo todos los alimentos correctos, eso puede no ser suficiente. (causa) Cuando desarrolla el síndrome de intestino permeable, puedes volverte alérgico a cualquier alimento que comas, incluidos los alimentos que normalmente son saludables. Y cuantas más comas estos alimentos, peor será tu condición. Pero puedo mostrarte cómo identificar estas alergias ocultas subyacentes que están saboteando tus resultados. (efecto)

Se trata de usar los suplementos correctos en el momento adecuado. De lo contrario, realmente estás malgastando tu dinero.

Ejercicios:
Visita las siguientes cartas de ventas, visualízalas en español, estúdialas, analízalas e identifica en ellas las sentencias de causa-efecto que generan emociones negativas. (Para ver traducidas a español las cartas de ventas en inglés, ir a sección "Antes de Empezar")

https://www.leakygutcure.com/leaky-gut-syndrome/
https://www.bowlegsnomore.com/
https://www.angularcheilitisfreeforever.com/
https://www.highselfesteemkids.com

7.- Sub-Encabezados

Descripción:
El sub-encabezado es una frase que se utiliza para darle título a cada sección dentro de una carta de ventas y contienen varios sub-encabezados distribuidos desde el inicio hasta el final, generalmente están escritos en negritas, en colores diferentes y tamaños de letra más grandes que los párrafos normales.

Propósito:
Los sub-encabezados tienen el objetivo de permitir al lector poder dar una vista rápida a toda la carta de ventas y darse una idea clara de lo que trata su contenido, además le permite tener descansos al estar leyendo ya que divide el texto en párrafos o secciones, haciendo más fácil y amena su lectura.

Secciones del Modelo AIDA en que se utiliza: **Atención, Interés, Deseo, Acción**

Ejemplos:
Ejemplo 1.- El siguiente ejemplo corresponde a una carta de ventas que promueve una solución para quedar embarazada de manera natural dirigida a las mujeres que tienen problemas para embarazarse.

...

Problemas En Mi Matrimonio **(sub-encabezado)**

Los meses transcurrieron y continuábamos sin ninguna novedad. Mi decepción era tan grande, eso me provocaba un problema con mi marido, y nos empezamos a distanciar, me era muy difícil hablarlo. Nuestra relación pendía de un hilo, y ya no disfrutábamos del sexo como antes, yo sólo buscaba tener relaciones para concebir a nuestro bebé. Ese comenzó a ser mi único motivo de acercamiento hacia él.

*Busque Ayuda **(sub-encabezado)***

Empecé buscar ayuda externa, consulte muchos médicos, acupunturistas, hice yoga, consulte chamanes, brujos, cartas del tarot, hipnosis, y demás medios alternativos a la ciencia común para encontrar alguna respuesta a nuestro "problema". Nunca hallé una solución, sino todo lo contrario, gasté mucho dinero en palabras, y en técnicas en vano. También hice tratamientos convencionales, pero no encontrábamos ni la solución, ni una palabra de aliento a lo que nos pasaba.

*Me Aislaba De Mis Amistades **(sub-encabezado)***

Lo más triste era que en cualquier evento o reunión familiar siempre aparecía la misma pregunta: "Cuando viene el bebé?" "Cuándo van a empezar a buscar? Me cuestionaban mientras corrían tras sus hijos, todas mis amigas y hermanas ya habían sido madres, y algunas por tercera vez embarazadas.

Me culpaba a mí misma, me sentía fracasada, que no servía como mujer, y avergonzada.

*Mi Investigación **(sub-encabezado)***

Entonces, por mis propios medios, decidí hacer una investigación exhaustiva. Compre varios libros de medicina, concurrí a varias charlas de prestigiosas eminencias, viaje a congresos, participé de un sinfín de convenciones, compré documentales, aprendí de experiencias de amigas, o familiares, y mientras estaba recopilando información, ¡lo logre!

*¡Quedé Embarazada! **(sub-encabezado)***

¡Gracias a todo lo que malgaste, y que no debí hacer jamás, y todos esos años que estudié y me perfeccioné, es que realice esta guía rápida para que otras mujeres logren quedar embarazadas!

...

Ejemplo 2.- El siguiente ejemplo corresponde a una carta de ventas que promueve un sistema para cultivar vegetales en el hogar mediante el uso de la técnica de hidroponía.

...

Si quieres transformar tu jardinería, y posiblemente tu vida para siempre, toma una taza de té o café, siéntate y pasa los próximos 5 minutos leyendo, esta será la carta más importante que leas este año, a continuación, te digo por qué:

"El avance en la nutrición orgánica de las plantas conduce a resultados impactantes ..." **(sub-encabezado)**

En los últimos años, investigadores de la Universidad de las Islas Vírgenes han descubierto y experimentado una nueva forma innovadora de cultivar plantas orgánicamente.

El proceso es revolucionario porque con él tus plantas crecen del 100% al 50% más rápido, y puedes crecer hasta DIEZ veces las plantas en la misma cantidad de espacio. ¿Cómo funciona? Básicamente, convierte la jardinería normal en un súper impulso orgánico, ya que alimenta ricos nutrientes VIVOS naturales a sus plantas las 24 horas del día, los 7 días de la semana, los 365 días del año.

En 2006-2007, el 'secreto' comenzó a filtrarse lentamente y la gente comenzó a prenderse ... convirtiendo jardines y granjas comerciales enteras en el sistema.

"4.000 libras de vegetales orgánicos por mes, con 1/10 del espacio"
(sub-encabezado)

En una visita reciente a Hawái, descubrí que una familia ya aplicaba este método, y esto transformó su jardinería y sus vidas.

Usando este método, cultivan más de 4,000 libras de vegetales orgánicos por mes ... con sólo alrededor de 3,000 pies cuadrados de espacio. ¡Eso es casi del tamaño de un patio bien dimensionado!

Están produciendo por lo tanto los alimentos, que pueden alimentar a su familia con los alimentos que cultivan y recientemente obtuvo certificación y ya han comenzado a vender sus productos a los mercados locales.

Ahora, sí has leído hasta aquí, y has cultivado plantas antes, podrías pensar que esto suena a ciencia ficción. Espera hasta que escuches esto:

"Está casi completamente automatizado". **(sub-encabezado)**

Esta familia en Hawái pasa menos de 1 hora por día.

Solo para comparar ... ¡una granja normal que produce 4,000 libras de vegetales por mes necesitaría de 3 a 4 horas de trabajo por día!

El único esfuerzo involucrado en este sistema es configurarlo inicialmente y plantar, y luego, se ejecuta en piloto automático.

...

De hecho, varios de títulos de los bloques de construcción cubiertos en este libro pueden ser en sí mismos sub-encabezados, ya que corresponden a títulos de diferentes secciones ("No estás Solo", "No es tu culpa", "Porque deberías comprar mi producto", "Razones de porque hago lo que hago", "Que dicen los expertos", etc.)

Ejercicios:

Visita las siguientes cartas de ventas, visualízalas en español, estúdialas, analízalas e identifica en ellas a través de toda la redacción los sub-encabezados que separan cada sección. (Para ver traducidas a español las cartas de ventas en inglés ir a sección "Antes de Empezar").

https://adiosdolordeespalda.com/
http://www.alimentosparabelleza.com/
https://gimnasiafacial.net/
http://www.my-grape-vine.com/
http://www.coverthypnosis.net/

8.- Abrir Ciclos

Descripción:

La psicóloga rusa Bliuma Zeigarnik descubrió un fenómeno al observar cómo un mesero era capaz de recordar fácilmente una larga lista de pedidos pendientes, sin embargo, difícilmente recordaba los platos que acaba de servir. Observó que las personas recuerdan situaciones inconclusas, esto se debe a la tensión que causa la necesidad de terminarlas. Este fenómeno es conocido como Efecto Zeigarnik.

La técnica de Abrir Ciclos está basada en este fenómeno y está específicamente diseñada para sacar ventaja de la necesidad natural de los seres humanos a buscar conclusión.

La mejor forma de ilustrar este concepto es a través de las series de televisión, en una serie, un ciclo se abre en el momento justo antes de ir a comerciales o al terminar un capítulo, donde deliberadamente la escena crea misterio, duda, expectación y queda inconclusa dejando a los televidentes a la expectativa y con una necesidad desesperada de ver el desenlace, y solamente hasta que la serie regresa de comerciales o continua el siguiente capítulo, es que se presenta la conclusión a la escena previa.

En el contexto del copywriting, abrir ciclos, se refiere a escribir sentencias que dejan saber que existe una solución al problema que tiene el prospecto y que permiten saber que la solución o conclusión se encuentra más adelante en la carta de ventas (Abrir el Ciclo), pero para que pueda encontrarla debe continuar leyendo (Cerrar el Ciclo).

Propósito:

El propósito de este bloque es crear en el prospecto la necesidad de continuar leyendo hasta encontrar la solución o conclusión a las ideas presentadas al inicio en la carta de ventas y que por supuesto se

encuentran hasta el final para asegurar que mantiene el interés y sigue leyendo hasta llegar punto de la oferta de nuestro producto o servicio.
Secciones del Modelo AIDA en que se utiliza: **Atención, Interés, Deseo, Acción**

Ejemplo 1.- El siguiente ejemplo corresponde a una carta de ventas que promociona un Software para Administración de Talleres Mecánicos.

> *Si quieres transformar tu taller mecánico y también tu vida para siempre, entonces prepara un café, siéntate en un lugar cómodo y durante los próximos minutos lee el resto de este reporte, porque será el más importante que habrás leído en mucho tiempo ...*
>
> *Más adelante verás porque ...* ***(Se abre Ciclo)***

Ejemplo 2.- El siguiente ejemplo corresponde a una carta de ventas que promociona un Curso con estrategias de mercadotecnia para incrementar las ventas de productos o servicios.

> *Hace algunos años realicé un pequeño experimento, el resultado fue algo extraño ...*
>
> *Me permitió vender más de 600 copias de un producto a un costo de $67 USD ¡en UN DÍA!*
>
> *Ahora voy a compartir contigo este experimento, pero solo si PROMETES usarlo responsablemente.* ***(Se abre Ciclo)***

Ejemplo 3.- El siguiente ejemplo corresponde a una carta de ventas donde se promueve una solución dirigida a las mujeres mayores para bajar de peso cuando sufren de sobrepeso por problemas en el funcionamiento de la glándula tiroides.

> *Si eres una mujer de 40 años o más y aún no has logrado deshacerte de esa frustrante grasa abdominal ...*
> *Si te sientes desgastada, exhausta y agotada y no logras recuperarte de la fatiga y la baja de energía.*

Si estás experimentando lagunas mentales y no logras desempeñar tus actividades normales al nivel que estabas acostumbrada.

*Entonces asegúrate de leer este artículo hasta el final.... **(Se abre Ciclo)***

Ejemplo 4.- El siguiente ejemplo corresponde a una carta de ventas donde se promueve un sistema para generar ingresos a través de la publicación de libros en la plataforma de audiolibros de Amazon.

Y gracias a Amazon, hay una oportunidad increíble de ganar mucho dinero desde casa, sin importar lo que estés escribiendo, sin importar tus experiencias No importa cuál sea tu presupuesto, puedes renunciar a tu trabajo y escribir a tiempo completo, puedes aprovechar en un mercado que solo va a crecer, puedes aprovechar la oportunidad de convertir tu libro publicado en un best seller masivo.

*¿Suena como una buena idea? Pues me gustaría mostrarte una manera MUCHO mejor de hacer las cosas. **(Se abre Ciclo)***

Ejemplo 5.- Las siguientes frases son comúnmente utilizadas para abrir Ciclos en diferentes Cartas de Ventas.

- *te daté todos los detalles más adelante pero antes ...*
- *¿Te suena interesante?, sigue leyendo ...*

Ejercicios:
Visita las siguientes cartas de ventas, visualízalas en español, estúdialas, analízalas e identifica en ellas las sentencias que Abren Ciclos. (Para ver traducidas a español las cartas de ventas en inglés ir a sección "Antes de Empezar").

http://kcf.clickfunnels.com/audiobook-profits-a
https://thyroidfactor.com/

9.- ¡No estás Solo!

Descripción:
Un fuerte motivador psicológico es el Sentido de Pertenencia a una comunidad. Según Maslow, psicólogo humanista que planteó la Teoría de la Pirámide de las Necesidades Humanas, el Sentido de Pertenencia se define como un sentimiento de identificación de una persona con un grupo o un ambiente determinado y coloca la necesidad de pertenencia a un grupo como la segunda necesidad humana más importante, después de las necesidades fisiológicas.

El hecho de que nuestro prospecto sienta que es el único experimentando el problema, crea en el un sentimiento negativo muy fuerte, y al hacerle saber que, aunque el problema es serio, solo es uno de tantos que sufren el mismo problema, lo hacemos sentir reconfortado por la sola idea de que no está solo, que ahora es parte de una comunidad, pertenece a un grupo y hay esperanza de encontrar la solución.

Este bloque hace uso de este motivador psicológico con el objetivo de crear empatía y confianza en nuestro prospecto. Generalmente viene precedido por una serie de preguntas o sentencias que generan emociones negativas que intensifican la percepción del problema (Bloques No. 5 y 6), para inmediatamente después hacerlo sentir más calmado y tranquilo al hacerle saber que no es el único en este mundo con el problema.

Secciones del Modelo AIDA en que se utiliza: **Interés**

Ejemplos:
Ejemplo 1.- El siguiente ejemplo corresponde a una carta de ventas que ofrece una solución para curar la Queilitis Angular.

> ...

> *¡No, Estás Solo!*

La queilitis angular es una deficiencia de vitamina B12 y hierro o una infección por hongos o bacterias.

Pero, aunque suena simple, curarla es otra historia ...

Pero es verdad, no estás solo, hay millones de personas afectadas por la queilitis angular.
  ...

Ejemplo 2.- El siguiente ejemplo corresponde a una carta de ventas que ofrece una solución para revertir las canas prematuras.

  ...

¡No Te Preocupes, no, Estás Solo!

Estudios han mostrado que la persona promedio tiene más del 40% de probabilidad de desarrollar canas prematuras antes de los 40.
Las personas que desarrollan canas prematuras son más propensas a tener una baja autoestima.

El envejecimiento prematuro es causado por muchos factores incluyendo mala nutrición, altos niveles de estrés, el medio ambiente y el estilo de vida.

Más del 70% de las personas con canas frecuentemente buscan remedios como teñirse el cabello, sin embargo, es importante tener en cuenta que químicos dañinos que se encuentran en los tintes de cabello pueden ocasionar efectos secundarios como pérdida prematura del cabello.

  ...

Ejemplo 3.- El siguiente ejemplo corresponde a una carta de ventas que ofrece un tratamiento para aclarar la piel.

...

¡No, Estás Solo!

¡Si respondiste "¡Sí" a cualquiera de las preguntas anteriores, entonces no estás solo!

Lo malo es toda la desinformación que hay en los medios.

Por ejemplo, ¿sabías que los exfoliantes químicos pueden ser muy dañinos para la piel y pueden tener periodos de recuperación muy prolongados? y que mientras tu rostro se recupera luce como si literalmente se te estuviera cayendo a pedazos.

Y, por si fuera poco, ¿has visto los precios de algunos de esos tratamientos para aclarar la piel? Algunos cuestan miles de dólares y no son mejores que esos productos de mostrador de farmacia que no hacen nada.

...

Ejercicios:
Visita las siguientes cartas de ventas, visualízalas en español, estúdialas, analízalas e identifica en ellas la Sección "No Estas Solo". (Para ver traducidas a español las cartas de ventas en inglés ir a sección "Antes de Empezar")

https://www.angularcheilitisfreeforever.com/
https://www.grayhairnomore.com/
http://www.skinwhiteningforever.com/

10.- ¡No Es Tu Culpa!

Descripción:

Blair Warren dice en su famoso documento "The One Sentence Persuasion Course" – *"Mientras millones aplauden al Dr. Phil al decirle a la gente que acepte la responsabilidad de sus errores, millones más están buscando a alguien que les quite la responsabilidad de sus hombros para que les digan que no son responsables de su suerte en la vida. Y aunque aceptar la responsabilidad es esencial para obtener el control de la propia vida, asegurar a los demás que no son responsables es esencial para obtener influencia sobre ellos. Uno no necesita mirar más allá de la política para ver este poderoso juego jugado de la mejor manera."*

En lo que respecta a nuestra carta de ventas, en este punto, nuestro prospecto tiene un problema que no ha podido resolver y ha llegado consciente o inconscientemente a la conclusión de que es su culpa. Este bloque es similar al anterior (9.- ¡No estás Solo!) y también busca crear empatía y confianza en nuestro prospecto y aunque le recuerda que tiene un problema serio, también le hace sentir alivio al decirle que la causa de su problema no es su culpa y que existe una solución.

Propósito:

El Propósito de este bloque es justificar sus fallas, diciendo que si ha fallado en el pasado, no ha sido por su culpa, que hay una gran cantidad de información en los medios, que solo lo confunden y lo paralizan y que por eso no ha podido resolver su problema, siente alivio saber que hay alguien que lo comprende y puede ayudarlo, además preparamos el terreno, dejándolo en un estado de ánimo más receptivo para presentarle la solución definitiva a su problema.

Secciones del Modelo AIDA en que se utiliza: **Deseo**

Ejemplo 1.- El siguiente ejemplo corresponde a una carta de ventas que promueve una solución para aliviar los problemas con los flexores de caderas.

...

Diagnosticar problemas en los Flexores de Cadera es difícil

Si has visto a un terapeuta o médico, es probable que no hayan podido identificar el problema.

Al estar tan profundo dentro de tu abdomen, no es de extrañar que identificarlo como la causa raíz de cualquiera de tus síntomas sea muy difícil.

Es por eso por lo que los problemas en los flexores de cadera no se diagnostican ni se tratan durante demasiado tiempo, ya que los médicos buscan una explicación más simple.

Entonces entiende que esto no es tu culpa.

Sin embargo, saber esto te da el poder de finalmente hacer algo al respecto antes de que sea demasiado tarde.

...

Ejemplo 2.- El siguiente ejemplo corresponde a una carta de ventas que promociona una solución para los achaques y dolores corporales.

...

Y aquí esta otra cosa que necesito que entiendas acerca de tu dolor.

¡NO es tu culpa!

¡Te han estado mintiendo acerca de tu dolor!

Si estas sufriendo de cualquier tipo de dolor en las articulaciones, artritis o achaques leves, no es tu culpa y no estás solo. Por favor no te culpes, La culpa es de la industria farmacéutica por todas las "noticias falsas" y la propaganda que solo confunde y que has estado distribuyendo desde hace 30 años.

Pero hay buenas noticias, si estás sufriendo de dolor de articulaciones, o de cualquier tipo de dolores menores, existe una solución.

...

Ejemplo 3.- El siguiente ejemplo es un fragmento que corresponde a una carta de ventas que promociona una guía para eliminar la grasa incrementando naturalmente una enzima que promueve el adelgazamiento.

...

Miles de millones de dólares se vierten en los bolsillos de los políticos de Washington para impulsar los alimentos a base de granos, los aceites de cocina baratos hechos por el hombre y lo que yo llamo alimentos de Frankenstein.

Pero se pone aún peor:

Ya sabes sobre la industria de la comida rápida. Gastan aún más miles de millones en campañas publicitarias, y cientos de millones más en poner productos químicos adictivos en sus alimentos.

Un estudio publicado por "Gerber et al en The Curriculum of Drug Abuse", una revista médica sobre adicción a sustancias reveló que los productos químicos añadidos a las comidas rápidas crean dependencias similares a las drogas en los sujetos de prueba

Estos son los alimentos que puedes estar comiendo todos los días creyendo que son buenos.

¡Pero esto no es tu culpa!

Has sido engañado, junto con casi todos los demás. Yo también fui engañado, así que estamos juntos en esto.

No todo es nuestra culpa. Claro, ponemos la comida en nuestras propias bocas, pero hemos sido programados durante décadas por algunos personajes bastante sombríos sobre cuáles deberían ser esos alimentos.

...

Ejercicios:
Visita las siguientes cartas de ventas, visualízalas en español, estúdialas, analízalas e identifica en ellas la Sección "No Es Tu Culpa". (Para ver traducidas a español las cartas de ventas en inglés ir a sección "Antes de Empezar").

https://www.unlockmyhips.com/
https://painfree.mindbodymatrix.com/space-age-treatment
https://thyroidfactor.com/aff_text_thyroid_killers/
https://eatthefatoff.com/
https://www.geniusbrainpower.com/

11.- Alivia sus miedos

Descripción:
Cuando nuestro prospecto tiene un problema que le causa temor, es difícil que pueda concentrarse en cualquier otra cosa. En este bloque le haremos saber que puede estar tranquilo, que entendemos perfectamente cómo se siente, que lo tomaremos de la mano y que trabajaremos juntos hasta que sus temores hayan desaparecido, le presentaremos evidencia, le ofreceremos soporte y le contaremos historias, le ofreceremos todo nuestro apoyo y le diremos qué le vamos a mostrar el camino hacia la solución a su problema.

Propósito:
El objetivo de este bloque es incrementar la confianza en nuestro prospecto al eliminar el miedo que le causa seguir con su problema, además al ayudarle a disipar sus miedos le permite estar más tranquilo incrementando así su nivel de confianza ya que le hacemos saber que le mostraremos de una vez por todas como terminar con su problema.

Secciones del Modelo AIDA en que se utiliza: **Interés, Deseo**

Ejemplos:
Ejemplo 1.- El siguiente ejemplo corresponde a fragmento de una carta de ventas que promueve un libro digital que ofrece una dieta para rejuvenecer y embellecer la piel.

...

Realmente siento que puedo identificarme con lo que puedes estar sintiendo ahora:

Sientes como si el tiempo se te estuviera escapando...

Algunos días sientes como que estás en la cima del mundo, y otros como que no puedes hacer nada para detener el daño que tu estilo de vida lleno de estrés y responsabilidades te está causando.

Incluso puedes sentir que tus "mejores días" han quedado atrás...

Y, si eres como muchas de las mujeres a las que he ayudado a lo largo de los años, es posible que aún temas perder a tu pareja debido al tiempo y la edad.

Por favor, ¿me dejarías ayudarte y enseñarte una solución simple que realmente funciona? Esos sentimientos empezarán a desvanecerse, junto con tus líneas finas cuando lo hagas...

...

Ejercicios:
Visita las siguientes cartas de ventas, visualízalas en español e identifica en ellas las secciones "Alivia sus Miedos". (Para ver traducidas a español las cartas de ventas en inglés ir a sección "Antes de Empezar").

http://www.alimentosparabelleza.com/

12.- Presentación del Autor

Descripción:

Hasta este momento, nuestro prospecto se ha dado cuenta que existe alguien que lo comprende y que ha pasado por lo mismo que esta pasando actualmente, es el momento de presentarnos y que conozca un poco de nosotros.

En este bloque se presenta generalmente una fotografía del autor del producto o servicio que se ofrece como solución y también se da una breve descripción que ayuda a generar confianza.

Propósito:

Esta sección está diseñada para agregar interés a nuestro prospecto al saber que el problema que tiene ya ha sido resuelto por alguien más, que puede conocer a esa persona, puede saber un poco de su trayectoria y sobre todo que ofrece una solución a su problema.

Secciones del Modelo AIDA en que se utiliza: **Interés**

Ejemplo 1.- El siguiente ejemplo corresponde a una carta de ventas que ofrece un sistema para lanzar un negocio Rentable de Carpintería.

From: The Desk of Jim Morgan
Home-Based Woodworking Business Owner & Enthusiast

Starting a woodworking business will be one of the **best decisions** you'll ever make in your life...

Your woodworking business will provide you with a great part-time income while allowing you to spend more quality time with the family. Best of all, you will have FUN doing what you love.

Ejemplo 2.- El siguiente ejemplo corresponde una carta de ventas que ofrece una solución para rejuvenecer y mejorar la salud a través del consumo de ciertos alimentos naturales.

"He pasado más de **10 años** investigando cada truco natural que existe para rejuvenecer a las **mujeres como nosotras**... y escribí esta carta para compartir contigo hoy lo que descubrí..."

Fecha: 13 de Abril de 2020

DE: Hanan, Consultora de Belleza Natural

ASUNTO: Por qué tu cocina tiene la clave para aumentar tu belleza

Ejemplo 3.- El siguiente ejemplo corresponde a una carta de ventas que ofrece un curso de escritura profesional.

Hello, I'm Rebecca Matter — AWAI's President.

And I'm about to tell you the "untold" story of how a once-secret technology funded by the NSA, CIA, and U.S. Department of Defense has led to this **landmark day** for you as a writer.

In fact, I want you to circle it right now on your calendar:

Thursday, April 16, 2020.

This is the day things will change for you as a writer ... for the better.

Rebecca Matter

Ejemplo 4.- El siguiente ejemplo corresponde a una carta de ventas que ofrece un método de ejercicios faciales para retardar el envejecimiento.

Un Sistema Que Algunas Pocas Estrellas Famosas Conocen, y Que Las Grandes Empresas de Estética (y los Cirujanos Plásticos) Desean Mantener Oculto.

Pero Yo Quiero Que Hoy Conozcas La Verdad...

Mariana Azcuénaga

De: Mariana Azcuénaga
Especialista en dermatología y nutrición.
Escrito: Martes 10 de Marzo de 2020

Ejemplo 5.- El siguiente ejemplo corresponde a una carta de ventas que ofrece un paquete de 750 diseños de jardines para el hogar.

From the Desk of Helen Whitfield,
Landscape Designing Extraordinaire, Educator, Member of ANLA
Date: Monday, April 13, 2020

Helen Whitfield

Re: Landscaping the easy way...

Ejercicios:
Visita las siguientes cartas de ventas, visualízalas en español, estúdialas, analízalas e identifica en ellas la Presentación del Autor. (Para ver traducidas a español las cartas de ventas en inglés ir a sección "Antes de Empezar")

https://thefitrise.com/dm/
http://www.ideas4landscaping.com/
https://www.myboatplans.com/
https://fredsdiyplans.com/cb/
http://www.bellydancingcourse.com/
http://www.copypasteincome.com/
https://www.myshedplans.com/go/

13.- Historias de Éxito de Autor o de Clientes

Descripción:
La narración de historias es una forma de comunicación extensamente utilizada en las ventas, y esto se debe a que ofrece una serie de características muy útiles. Ayuda a captar la atención de tu prospecto y a construir una relación mutua. Puede aumentar el valor de tu producto o servicio al mostrarlo desde una perspectiva diferente y hace que tanto tú y como tu producto sean más fáciles de recordar. Las historias son contagiosas y se transmiten de boca en boca. A través de las historias puedes ser más original y sobresalir de tu competencia.

Como lo establece claramente Paul Smith en su libro *"Sell With a Story"* (Vende con una historia), la estructura básica de una historia debe contar con los siguientes elementos:

Contexto: ¿Donde y cuando tomó lugar?, ¿Quién es el personaje principal?, información adicional necesaria para comprender las motivaciones del personaje principal.

Reto: ¿Cuál es el problema que enfrenta el personaje principal?

Conflicto: ¿Que fracasos enfrenta el personaje principal en su búsqueda de una solución a su problema?

Resolución: ¿Como logro resolver todos los obstáculos para encontrar la solución? ¿Como son las cosas ahora? ¿Como es la vida del personaje principal ahora que ya ha solucionado su problema?

Lecciones Aprendidas: Recapitulación del sucedido... (*Fue entonces que me di cuenta..., Eso explica porque ..., Por lo que entonces descubrí que..., Lo que pienso que debí de haber hecho fue...*)

Recomendaciones: Se invita al lector a evitar toda esa serie de problemas utilizando nuestro producto o servicio ... (*Es por eso por lo que creo que deberías ...*)

El "héroe" de la historia puede ser el mismo autor o creador del producto o servicio que ofrece la carta de ventas y generalmente la historia narra cómo logró desarrollar la solución, pasando por la frustración inicial de no contar con ella (misma frustración que experimenta nuestro prospecto actualmente), además de los retos y los conflictos que tuvo que pasar para poder conseguirla, y la conclusión es que ahora ya no es necesario que nadie pase por todas esas tribulaciones porque la solución al problema ya ha sido creada.

También es posible desarrollar la historia alrededor de la experiencia de algún cliente, donde la estructura se mantiene constante pero ahora se refiere al antes, durante y después de que el cliente encontrara la solución.

Una historia en una carta de ventas no tiene que ser extensa, algunas de las historias más exitosas escritas dentro de una carta de ventas son de algunos párrafos solamente.

Propósito:
El objetivo de este bloque es incrementar el interés y el deseo de nuestro prospecto hacia nuestro producto o servicio, haciendo que a través de la historia se identifique con el personaje principal, que reconozca todos los problemas y fracasos y piense *"eso es justamente lo que me está pasando en este momento, es como si estuvieran hablando de mí"*, y que finalmente reconozca que hay una solución a su problema y que está a su alcance.

Secciones del Modelo AIDA en que se utiliza: **Interés, Deseo**

Ejemplo 1.- A continuación, tenemos un segmento de una carta de ventas con una historia que ilustra perfectamente todos sus elementos y corresponde a una solución para quedar embarazada naturalmente:
...

Mi Lucha Por Ser Mamá

...Al igual que la historia de muchas parejas, nosotros hemos pasado por lo mismo y más. Al principio cuando comenzamos con la idea o con la fantasía de ser padres, lo conversamos mucho, compramos nuestra primera casa, realizamos una boda hermosa, simplemente para buscar lo que más ansiábamos en nuestra vida: tener un bebé.

Las primeras oportunidades de encuentro para concebirlo fueron maravillosas, con intenciones despreocupadas, y sin nada en qué pensar. Simplemente disfrutábamos mucho el hecho de buscar Nuestro ansiado bebé, y disfrutando también el encuentro íntimo entre nosotros, el cual era fantástico.

Mi Ansiado Bebé No Llegaba

Fue entonces, a partir del quinto mes de búsqueda y ver que no quedaba embarazada que comencé a preocuparme. Era más mi preocupación que la de mi marido. Los hombres no le dan mayor importancia al tema, y nos hacen creer que estamos paranoicas por suponer que estamos teniendo algún tipo de problema para concebir. Tienen razón: ¡el problema está en nuestra cabeza!

Problemas En Mi Matrimonio

Los meses transcurrieron y continuábamos sin ninguna novedad. Mi decepción era tan grande al ver mi período que eso provocaba bronca hacia mi marido, y una cierta distancia inevitable, me era muy difícil hablarlo. Nuestra relación pendía de un hilo, y ya no disfrutábamos del sexo como antes, yo sólo buscaba tener relaciones para concebir a nuestro bebé. Ese comenzó a ser mi único motivo de acercamiento hacia él.

Busque Ayuda

Empecé buscar ayuda externa, consulte muchos médicos, acupunturistas, hice yoga, consulte chamanes, brujos, cartas del tarot, hipnosis, y demás medios alternativos a la ciencia común para encontrar alguna respuesta a nuestro "problema". Nunca hallé una solución, sino todo lo contrario, gasté mucho dinero en palabras, y en técnicas en vano. También hice tratamientos convencionales, pero no encontrábamos ni la solución, ni una palabra de aliento a lo que nos pasaba.

Me Aislaba De Mis Amistades

Lo más triste era que en cualquier evento o reunión familiar siempre aparecía la misma pregunta: "Cuando viene el bebé?" "Cuándo van a empezar a buscar?
Me cuestionaban mientras corrían tras sus hijos, todas mis amigas y hermanas ya habían sido madres, y algunas por tercera vez embarazadas.

Me culpaba a mí misma, me sentía una fracasada, que no servía como mujer, y avergonzada.

Mi Investigación

Entonces, por mis propios medios, decidí hacer una investigación exhaustiva. Compre varios libros de medicina, concurrí a varias charlas de prestigiosas eminencias, viaje a congresos, participé de un sinfín de convenciones, compré documentales, aprendí de experiencias de amigas, o familiares, y mientras estaba recopilando información, ¡lo logre!

¡Quedé Embarazada!

¡Gracias a todo lo que malgaste, y no debí hacer jamás, y todos esos años que estudié y me perfeccioné, es que realice esta guía rápida para que otras mujeres logren quedar embarazadas!

...

Ejemplo 2.- El siguiente fragmento corresponde a una carta de ventas donde se promueve una solución para eliminar las varices...

Pero... ¿Quién Soy Yo y Cómo Puedo Ayudarla?

Mi nombre es Estefanía Garret y soy especialista en flebología. Hace ya algunos años, cuando todavía llevaba vida de estudiante, comencé a tener mis primeros síntomas. Sentía las piernas pesadas, especialmente en verano o en los días de mucho calor. Pensé que era imposible que yo tuviese un preanuncio de una dolencia como las várices, ya que era una persona muy activa, iba al gimnasio dos veces por semana y allí cumplía con mis rutinas de forma puntillosa y no fumaba.

Pero los malestares continuaban. Me examinaba cuidadosamente tobillos y pantorrillas y no encontraba señales que me indicaran tal padecimiento.

¡Cuán ilusa fui! Un día, en la facultad, mi Jefe de Trabajos Prácticos me dio la peor noticia de mi vida. ¡Por más que mis várices no fueran visibles, ahí estaban!

Me explico que podía tratarse de várices profundas (no perceptibles a simple vista) o del inicio de un proceso que terminaría en la aparición de estas.

En un principio, me sumí en la desesperación, pero luego reaccioné... Solo era cuestión de encontrar algún tratamiento efectivo. Tomé esta situación como una especie de desafío, en el que yo sería la vencedora (aunque sea eso pensé en un principio...)

Y a partir de ese momento comenzó mi largo deambular por consultorios con análisis interminables (aunque necesarios). Ciertas personas me recomendaron que directamente utilice la cirugía para tratar mi problema, pero yo no quería ni pensar en esa peligrosa opción.

En un principio decidí optar por procedimientos poco traumáticos, solicitando turnos en distintos institutos de belleza que aseguraban resolver mi problema sin técnicas invasivas. Con estas técnicas observé ciertas mejoras, pero el problema consistía en que una vez finalizado el tratamiento las molestias volvían a aparecer... ¡Y ni siquiera quiero hablarle de los elevados costos!

Debo confesar que malgaste pequeñas fortunas tratando de lograr lo que en un momento me pareció inalcanzable, resolver mi problema de várices, que lamentablemente, ya comenzaban a mostrar señales visibles... Pequeñas arañitas violáceas comenzaron a invadir mis pantorrillas, y poco a poco, los dolores se hicieron más agudos, casi insoportables.

Durante 2 largos años intenté todo, pero ante la falta de resultados, la frustración y una creciente depresión se apoderó de mí, y como último recurso, comencé a hacer averiguaciones para realizar una visita a un cirujano. Concurrí a una cita con el doctor y realmente no me daba una garantía de que las várices y arañitas se fueran. La falta de garantía y la cantidad increíble de dinero que pretendía cobrarme me hizo tomar unos minutos y pensar en frío, y darme cuenta de que era una locura. ¡Pagar más de $2000 dólares por cada pierna, por algo que ni siquiera sabía si funcionaría!

Un día dije BASTA.

Debía existir una solución y me prometí a mí misma hacer todo por encontrarla.

De ahí en más comencé a investigar por mi cuenta. Fueron años muy duros, tratando de informarme y de probar todos los tratamientos posibles. Desde los aportes de la medicina de alta complejidad hasta las antiquísimas recetas naturistas de nuestros ancestros.

Nada debía ser desechado sin ser probado, sólo aquello que no daba los resultados esperados. Así fui probando por método de ensayo y error, y poco a poco comencé a encontrarme con buenos resultados.

El Problema de los Tratamientos Convencionales

Después de mucho trabajo, caí en la cuenta de que existen varias maneras de mejorar y hasta de hacer desaparecer naturalmente las várices y telangiectasias, pero el problema es que se debe saber cómo realizar la combinación exacta de tratamientos holísticos para que se potencien entre sí y alcancen un resultado positivo en el paciente.

Las várices son venas dilatadas en forma permanente debido a una insuficiencia venosa que produce en la piel una coloración entre morada y azul, que además trae aparejada inflamación y la formación de edemas.

Debía encontrar la manera de eliminar las marcas, mejorar la circulación y regular el efecto de los desórdenes hormonales que desencadenan este mal.

Ese era el camino, y por él encontraría la solución.

Encontré Una Solución Efectiva y Comprobada

¡Basta de varices! A partir de ese momento mis investigaciones se concentraron en analizar ciertos puntos específicos. Uno de ellos era por qué medios evitar la mala influencia de las hormonas en la aparición y desarrollo de las várices (como un paso de prevención), ya que esta dolencia se encuentra íntimamente ligada a los cambios hormonales femeninos, por ese motivo se observa que recrudece tanto en la adolescencia como en los embarazos, e incluso en el período menopáusico.

Otro punto para analizar era el de los malos hábitos posturales en la vida cotidiana (algunos obligatorios por cuestiones laborales). Era necesario encontrar alguna forma de disminuir sus efectos.

Concentrada en estos puntos y probando uno a uno todos los métodos, mi malestar poco a poco fue desapareciendo.

Los períodos en que sentía mis piernas más livianas comenzaron a extenderse, la hinchazón de mis tobillos aminoraba y, aunque fuese verano, los dolores eran mucho más leves.

¡Había Encontrado la Justa Combinación de Tratamientos Naturales que podían lograr revertir la sintomatología de mis várices!

Entonces en esos momentos, una gran idea me alumbró. Si este tratamiento había servido para mí, podría servir también para otras personas.

Para corroborar mi teoría, y perfeccionar el método, dedique los meses siguientes a realizar pruebas en aquellas amigas y familiares que tuviesen el mismo problema... Y mi sorpresa era cada vez más grande, ya que TODOS consiguieron mejoras notorias, y en muy poco tiempo se habían librado de sus problemas de várices y arañas vasculares.

Luego, impulsada por el consejo y el aliento de familiares y amigos, me decidí a escribir una Guía Paso a Paso, que explicara con un lenguaje simple y claro, cómo poder deshacerse de las várices y arañitas vasculares. Para que todas las personas tengan acceso al material, sin la necesidad de tener conocimientos médicos previos.

En sólo seis meses mi obra estuvo lista y en otros seis se convirtió en un éxito que afortunadamente ayudó, y sigue ayudando, a miles de lectores a vencer su lucha contra el dolor y la vergüenza.

Ejemplo 3.- El siguiente ejemplo corresponde a una carta de ventas donde se promueve una solución para quienes sufren de sobre peso por problemas en la tiroides ...

...

Tengo 57 años, y he pasado los últimos 15 años trabajando con miles de mujeres REALES, examinando la razón REAL detrás de por qué tantas mujeres luchan con fatiga, poca energía y problemas de peso ...

También pasé mucho tiempo buscando lo que realmente funciona para las mujeres mayores de 45 años para que puedas poner fin a la lucha frustrante y rejuvenecer tu salud ...

Lo veo todo el tiempo ... las mujeres que trabajan mucho más duro que cualquier otra persona a medida que envejecen aún no obtienen los resultados que merecen ...

Y la mayor parte de esto se debe a los cambios hormonales que experimenta su cuerpo a medida que envejece ...

Gran parte de mi vida luché con un aumento de peso inexplicable y fatiga.

Me miraba en el espejo todos los días solo para ver a alguien que ya ni siquiera reconocía ...

Alguien que no quería ser ...

Me sentí insegura, poco atractiva e incluso indeseada ...

Algunos días era difícil salir de la cama y poner un pie frente a otro obligándome a evitar las cosas que una vez disfruté

Aquí está el mayor problema de todos: nadie entiende por lo que estás pasando

Mis amigos, familiares e incluso médicos pensaron que era "todo en mi cabeza".

Me sentí sin esperanza ...

Confundido a dónde ir ...

E incluso avergonzado ...

Todos pensaron que estaba poniendo excusas porque no tenía fuerza de voluntad y solo estaba siendo "flojo" ...

No entendieron que este era un tipo diferente de cansancio.

Me dijeron que es normal estar cansado, tener sobrepeso, estar enfermo más a menudo a medida que envejece ...

Y solo necesitaba hacer más ejercicio y seguir una dieta baja en carbohidratos y 1000 calorías ...

Bueno, aquí está la verdad ...

Este consejo está mal ...

Los "consejos" habituales como este son completamente contraproducentes para las mujeres mayores de 45 años.

De hecho, solo me dejó sintiéndome como un fracaso cuando no pude seguir así.

¿Tal vez te puedas identificar?

Si es así, no estás solo ...

Para obtener resultados reales y duraderos, las mujeres tienen que trabajar CON su cuerpo para equilibrar estos cambios hormonales naturales, NO contra ...

La verdad es que cuando lo hace, en realidad es mucho más posible experimentar más energía a medida que envejecemos de lo que la mayoría de las mujeres piensan ...

De hecho, aquí hay una foto reciente de mí mismo con mi mamá que tiene 80 años, pero se ve, se siente y se mueve mejor de lo que lo hizo a los 50 ...

Verás, mi mamá también luchó con poca energía y fatiga ...

Recuerdo lo cansada que siempre estaba y lo difícil que era perder incluso una libra ...

Y hoy, gracias a estos planes de comidas de apoyo saludable para la tiroides que se muestran a continuación, ¡a los 80 años se ve, se siente y se mueve mejor que a los 50!

Si está buscando la forma más inteligente de acelerar el estilo de vida de alta energía que desea, hoy tengo buenas noticias para usted ...

He organizado todos estos secretos simples en una plantilla fácil de usar.

El plan completo de 21 días se presenta paso a paso dentro de este sistema de nutrición femenino llamado: "El factor tiroideo".

...

Ejercicios:
Visita las siguientes cartas de ventas, visualiza su contenido en español, estúdialas, analiza e identifica las historias que se narran en ellas. (Para ver traducidas a español las cartas de ventas en inglés ir a sección "Antes de Empezar").

http://comoquedarembarazada.net/
https://varicesnuncamas.com/
https://thyroidfactor.com/
http://www.alimentosparabelleza.com/

14.- Porqué deberías comprar mi producto

Descripción:

Ellen Langer, socióloga de la Universidad de Harvard; afirma que cuando pedimos un favor, tendremos más posibilidades de éxito si explicamos nuestras razones enlazándolas con un "porque".

Langer desarrollo un experimento donde se le pidió a un total de 120 personas que les permitiesen utilizar la fotocopiadora. Pero la forma de realizar esta petición variaba de 3 formas diferentes

1.- "Disculpe, ¿Podría usar la fotocopiadora porque estoy en un apuro?"
2.- "Disculpe, ¿Podría usar la fotocopiadora?"
3.- "¿Disculpe, ¿Podría usar la fotocopiadora porque debo hacer algunas copias?"

La primera versión de la pregunta daba una justificación verdadera "porque estoy en un apuro", la segunda versión no daba ninguna justificación y la tercera versión no dio una justificación, solo dijo "porque debo hacer algunas copias", los resultados fueron muy claros, el 94% accedió ante la primera versión de la pregunta, solo el 60% accedió ante la segunda versión de la pregunta y sorprendentemente el 93% accedió ante la tercera versión de la pregunta.

Langer afirma que el hecho de utilizar la palabra "porque" nos hace percibir como una explicación o justificación aquello que realmente no lo es.

Cuando queremos que una persona haga algo que nosotros deseamos, las posibilidades de lograrlo se incrementan al utilizar un "Porque". Dentro de una carta de ventas, este bloque explicará desde un punto de vista práctico, y de resultados para el prospecto, él porque es una buena decisión comprar nuestro producto o servicio.

En este bloque generalmente se agregan detalles técnicos específicos del funcionamiento del producto o servicio, números específicos que describen los resultados que se pueden obtener. También se pueden combinar con algunas consecuencias de no utilizar el producto o servicio.

Propósito:
El propósito de este bloque es el continuar construyendo la relación de confianza en nuestro prospecto al proporcionarle una serie de razones bien fundamentadas sobre los resultados que puede obtener al usar nuestro producto o servicio.

Secciones del Modelo AIDA en que se utiliza: **Interés**

Ejemplos:

Ejemplo 1.- El siguiente ejemplo corresponde a una carta de ventas que promociona un paquete de audios especialmente diseñados para desarrollar habilidades del cerebro como la creatividad, la concentración, la inteligencia.

Por qué Genius Brain Power es tu Ultimate Self Mastery Tool Kit

La tecnología altamente avanzada utilizada en el sistema Genius Brain Power es mucho más efectiva que las ofertas en productos de precios mucho más altos, principalmente porque otras compañías usan un tipo muy antiguo de Brainwave Entrainment que se descubrió hace 150 años, llamado sonidos binaurales.

El arrastre de ondas cerebrales aumenta la inteligencia
Esos sonidos binaurales menos efectivos envían frecuencias de tonos diferentes en cada oído para que su cerebro haga "matemáticas" y arrastre la diferencia entre los dos tonos. Los sonidos binaurales fueron un gran descubrimiento, pero muchas personas no responden muy bien a este método.

Es por eso por lo que uso una tecnología de arrastre de ondas cerebrales mucho más moderna y superior en Genius Brain Power.

Utilizando sonidos generados por computadora, pulsados rítmicamente (conocidos como sonidos isocrónicos), Genius Brain Power guía fácilmente su cerebro hacia frecuencias óptimas para disparar su coeficiente intelectual, relajación profunda, eficiencia mental máxima y mucho más ...

La mayor de las ventajas que tiene Genius Brain Power (GBP) sobre los sonidos binaurales es que el cerebro no se adapta a los tonos rítmicos de GBP con el tiempo y los ignora, como lo hace con los binaurales. Esto significa que GBP continuará proporcionándole resultados durante años, para que pueda seguir mejorando su cerebro sin tener que comprar más productos.

Las frecuencias rítmicas son la base de cómo funciona el cerebro, por lo que se garantiza que su cerebro responderá a los ritmos de ondas cerebrales pulsadas de Genius Brain Power.

Con estos tonos de pulso audibles generados por computadora, el cerebro es guiado de manera segura, suave y efectiva para que ingrese a sus frecuencias óptimas de ondas cerebrales. Estos tonos deben ser audibles, por lo que los escuchará junto con la música en el paquete Genius Brain Power.

Ejemplo 2.- El siguiente ejemplo corresponde a una carta de ventas que promociona un método de persuasión hipnótica.

...

¿Por qué confiarías en mí?

Miles de clientes satisfechos, incluidos otros expertos en persuasión, entrenadores de vida, redactores profesionales y autoridades de superación personal, están entusiasmados con la forma en que mi curso los ha ayudado enormemente en casi todos los aspectos de su vida.

Mis otros logros incluyen:

Soy coautor de "101 grandes maneras de mejorar su vida, Vol. 3" junto con Mark Víctor Hansen, Ken Blanchard, Les Brown, Byron Katie y otros expertos en crecimiento personal.

Kevin Hogan *, Ewen Chia **, Alan Densky *** y otros expertos acreditados confiaron en mí para que les escribiera copias de ventas persuasivas.

* Kevin Hogan es un autor de éxito de ventas, consultor de muchas compañías de Fortune 500 y uno de los expertos más respetados del mundo en persuasión, lenguaje corporal y ventas.

** Ewen Chia es conocido como el "Super Afiliada número 1 del mundo" y un autor de libros exitosos.

*** Alan Densky es el presidente de Neuro Vision, Inc., la única tecnología de hipnosis que ha obtenido una patente de EE. UU.

...

Ejemplo 3.- El siguiente ejemplo corresponde a una carta de ventas que ofrece un programa de entrenamiento para perros.

...

Un poco sobre mí ... y por qué puedo ayudarte ...

Soy un entrenador profesional de perros certificado por CPDT-KA, vivo en Arizona con mi esposo y nuestros dos increíbles Rottweilers, Einstein y Petra. No hace falta decir que me apasionan los perros y me encanta lo que hago.

También:

Mi trabajo apareció en la revista USA Today y Every Dog.
Contribuyó para eHow AllExperts.
Ayudó a miles de dueños de perros en dificultades en todo el mundo.
Dirijo una exitosa compañía dedicada al entrenamiento de perros.
Proporcionó entrenamiento para perros de servicio para veteranos militares.
...

Ejercicios:
Visita las siguientes cartas de ventas, visualízalas en español, estúdialas, analízalas e identifica en ellas las secciones de "Porque deberías comprar mi producto". (Para ver traducidas a español las cartas de ventas en inglés ir a sección "Antes de Empezar")

https://www.geniusbrainpower.com/
https://20daypersuasion.com/index.php
https://store.asianefficiency.com/primer/
https://www.braintraining4dogs.com/get-btfd/

15.- Razones de porque hago lo que hago

Descripción:
En este bloque le contamos a nuestro prospecto la razón de fondo que nos impulsa a hacer lo que hacemos (vender nuestro producto), y la razón no es la de ganar dinero, sino que nos hemos dado cuenta de que podemos agregar valor a la vida de muchas personas al ofrecer nuestro producto o servicio y que estaríamos siendo muy egoístas al negarles a todos ellos la posibilidad de solucionar el mismo problema que nosotros tuvimos y del que ya encontramos la solución.

Propósito:
El objetivo de este bloque es apelar a un principio que todos los seres humanos tenemos programado en nuestro subconsciente, el Principio de Reciprocidad, que dice que cuando una persona recibe un favor, siente la necesidad de devolverlo de alguna manera, y si nosotros le podemos resolver su problema a nuestro prospecto a través de nuestro producto o servicio, la manera en que sentirá que puede corresponder con nosotros, es justamente pagando el precio.

Secciones del Modelo AIDA en que se utiliza: **Deseo, Acción**

Ejemplos:
Ejemplo 1.- El siguiente ejemplo corresponde un fragmento de una carta de ventas que promueve ...

> ...

> *Ahora,*

> *¿Por qué compartiría esta poderosa tecnología con el público? Porque sé que una vez que le proporcione esta información, seguramente estarás agradecido y querrás hacer algo bueno por mí o por otra*

persona. Si pudieras ganar $10,000 más este año que el año pasado con mis métodos, ¿le dirías a tus amigos sobre este libro? ¡Por supuesto que lo harías! Esa es la Ley de Reciprocidad. En 1995, acuñé la frase "La ley de la reciprocidad", para rendir homenaje al valioso principio de reciprocidad del Dr. Robert Cialdini.

...

Ejemplo 2.- El siguiente ejemplo corresponde a una carta de ventas que promueve una metodología para validar si una idea de negocio es viable.

...

Entonces, podrías estarte preguntando ...
Si es tan bueno, ¿por qué está regalando el libro GRATIS?

Existen algunas razones:

*1.- **Leerás en el libro sobre mi experiencia cercana a la muerte.***

Y cómo durante ese momento emocional y aterrador, me di cuenta de que había algunos puntos clave en mi negocio que si no hubiera usado ...

... mi negocio se habría derrumbado a mi alrededor.

Afortunadamente, los principios sobre los que leerás estaban trabajando activamente (incluso cuando yo no lo estaba).

Y alguien, tal vez tú, leerás esto e inmediatamente tendrás las respuestas a tus preguntas comerciales y de marketing más frustrantes que podrían salvar TU negocio como lo hicieron con el mío.

*2.- **No existe como este libro**. Desearía que hubiera habido algo como este libro cuando estaba comenzando. Me habría ahorrado mucho dolor, estrés, tiempo y dinero.*

Fue creado a través de prueba y error. Al probar, ajustar y optimizar mis propios procesos hasta el punto de una previsibilidad completa.

Eso es lo que faltaba.

La capacidad de predecir si una empresa funcionaría ANTES de comenzar.
Brindar a los empresarios una forma de tomar decisiones basadas en hechos y no en teorías de libros de texto.

3.- Seamos completamente honestos aquí: *al tener mi libro en tus manos, obtengo un espacio valioso en tu biblioteca*

4.- Estudios de casos reales*. Dado que cualquiera en estos días puede crear un sitio web y declararse "experto", es difícil saber en quién puede confiar realmente para disparar directamente.*

Este libro contiene solo pruebas reales de estudios de casos reales. Y sí, entro en detalles sobre lo que funcionó y exactamente cuántos ingresos generó.

Algunos de estos estudios de caso se han mantenido en secreto hasta ahora. Estos ejemplos de la vida real cambiarán totalmente su forma de pensar acerca de lo que hacemos como empresarios, y le darán muchas ideas sobre cómo puede hacerlo mejor.

Ejercicios:
Visita las siguientes cartas de ventas, visualízalas en español, estúdialas, analizas e identifica en ellas la sección de "Razones de porqué hago lo que hago". (Para ver traducidas a español las cartas de ventas en inglés ir a sección "Antes de Empezar")

http://www.coverthypnosis.net/
https://book.askmethod.com/

16.- Conjunto de Preguntas que generan Emociones Positivas

Descripción:
En este punto nuestro prospecto, a través de nuestra carta de ventas, ya le hemos hecho vivir un poco de dolor al recordar mediante mecanismos específicos, el problema que está viviendo actualmente. Ha llegado el momento de empezar a mostrarle como será su vida cuando su problema este resuelto.

Este bloque consta de una serie de preguntas que hacen referencia a situaciones o momentos que causan sentimientos positivos como tranquilidad, alegría, seguridad, etc. a los cuales nuestro prospecto puede acceder haciendo uso de nuestro producto o servicio.

Observaciones:
Una variante que puede ser utilizada en este bloque es cambiar el formato de pregunta por el de una sentencia de tipo *"Si ..."*, como, por ejemplo:

> *¿Deseas un negocio fácil de comenzar que NO requiera maquinaria o herramientas costosas?*

> *Si deseas un negocio fácil de comenzar que NO requiera maquinaria o herramientas costosas.*

Propósito:
El objetivo de este bloque es mediante una serie de preguntas o sentencias del tipo Si/Entonces, crear en la mente de nuestro prospecto imágenes de él mismo, después de haber solucionado su problema, aumentando así el deseo de contar con nuestro producto o servicio.

Secciones del Modelo AIDA en que se utiliza: **Deseo, Acción**

Ejemplo 1.- El siguiente conjunto de preguntas corresponden a una carta de ventas donde se promueve un producto natural para aclarar la piel.

Déjame preguntarte esto...

Estás listo para...

¿Tener un tono de piel fabuloso y uniforme?

¿Recuperar tu autoestima para hacer las cosas que siempre has querido y usar la ropa que realmente quieres usar?

¿Mostrar finalmente tu piel hermosa y perfecta al mundo?

¿Recuperar tu vida, liberarte del miedo y la ansiedad debido a tu piel?

Ejemplo 2.- En el siguiente ejemplo se utiliza una variante donde las preguntas se sustituyen por sentencias del tipo Si/Entonces y corresponden a una carta de ventas donde se promueve un plan para iniciar un negocio rentable de carpintería. Además, podemos observar el uso del concepto de causa-efecto en las sentencias:

*Si deseas un negocio fácil de comenzar **(causa)** que NO requiera maquinaria o herramientas costosas. **(efecto)***

*Si deseas un negocio **(causa)** que te permita trabajar desde casa y te brinde más tiempo de calidad con tu familia**. (efecto)***

*Si deseas algo **(causa)** que puedas hacer en tu tiempo libre que no interfiera con tu trabajo habitual. **(efecto)***

*Si deseas un negocio **(causa)** en el que puedas crecer y convertirlo en algo a tiempo completo (si decides hacerlo). **(efecto)***

*Si deseas una oportunidad **(causa)** que te brinde muchos ingresos, rápida y fácilmente con las habilidades que ya tienes .. **(efecto)**.*

Entonces escucha atentamente, ya que esta es la carta más importante que jamás habrás leído ...

Ejercicios:

Visita las siguientes cartas de ventas, visualízalas en español, estúdialas, analízalas e identifica en ellas las secciones de "Preguntas que Generan Emociones Positivas". (Para ver traducidas a español las cartas de ventas en inglés ir a sección "Antes de Empezar")

http://www.skinwhiteningforever.com/
https://www.woodprofits.com/

17.– Conjunto de Sentencias De Causa-Efecto que generan Emociones Positivas

Descripción:
Al igual que en el bloque anterior "16.- Conjunto de Preguntas que generan Emociones Positivas" Este bloque consta de un conjunto de sentencias que utilizan el concepto de causa-efecto para aumentar en nuestro prospecto un sentimiento positivo de interés y deseo hacia nuestro producto o servicio, en cada sentencia la primera parte describe una de las características o funcionalidades (causa) y en la segunda parte de la sentencia describe el beneficio obtenido como consecuencia de usar la característica previamente descrita (efecto).

Esta sección puede constar de solo algunas sentencias o bien pueden contarse varias decenas ya que es aquí donde se describe toda la funcionalidad del producto o servicio y dependerá de qué tan complejo o extenso sea.

Propósito:
El objetivo de este bloque es incrementar en nuestro prospecto el interés y el deseo hacia nuestro producto o servicio además de darle a conocer todo lo que es capaz de hacer, al mismo tiempo creamos en su mente una imagen donde se visualiza obteniendo los resultados mencionados y solucionando su problema.

Secciones del Modelo AIDA en que se utiliza: **Interés, Deseo**

Ejemplos:
Ejemplo 1.- El siguiente conjunto de sentencias corresponde a una carta de ventas que promueve un paquete de audios para incrementar la capacidad cerebral en áreas como la creatividad, el enfoque y mayor energía.

Aquí hay un vistazo de algunas de las "actualizaciones cerebrales" que puede lograr fácilmente si implementa mis métodos secretos para activar la actividad de nivel genio en su cerebro.

*Aumente drásticamente el poder de procesamiento de su cerebro **(causa)** para que pueda poner fin a la sensación de "niebla mental" para siempre ...**(efecto)***

*Libere fácilmente el estrés, las preocupaciones y la ansiedad **(causa)** para que pueda lograr sus objetivos sin sentirse abrumado ... **(efecto)***

*Aumente su nivel de energía a voluntad **(causa)** para que no tenga que depender de la cafeína para pasar el día ... **(efecto)***

*Aprenda rápidamente nueva información y habilidades **(causa)** para que pueda obtener lo que quiera de la vida con su grupo de talentos en constante expansión ... **(efecto)***

*Active instantáneamente el "Modo maestro de ejercicio" en su cerebro **(causa)** para que pueda tener entrenamientos increíbles cada vez ... **(efecto)***

*Experimente un sueño más profundo y reparador **(causa)** para que pueda despertarse sintiéndose bien y listo para hacer lo que quiera ... **(efecto)***

*Logre sin esfuerzo estados increíblemente profundos de relajación y meditación **(causa)** para que pueda experimentar la verdadera paz interior en su vida cotidiana ...**(efecto)***

Ejemplo 2.- El siguiente conjunto de sentencias corresponde a una carta de ventas donde se promueve un paquete de ideas para diseño de jardines.

Miles de diseños e instrucciones de paisajismo de alta calidad. *(causa)* para que no tenga que conformarse con los diseños limitados, mediocres y típicos que ve en revistas o en muchos sitios web *(efecto)*

Diseños para su patio delantero, patio trasero y jardín. *(causa)* para que pueda crear fácilmente planes de paisajismo en cualquier lugar de su casa *(efecto)*

Guías paso a paso y consejos de diseño. *(causa)* ¡para que pueda comenzar de forma "profesional" inmediatamente su exterior este fin de semana! *(efecto)*

Diseños de paisajismo básicos y profesionales. *(causa)* para que pueda usar las ideas si es un principiante de bricolaje, un paisajista profesional o un propietario dispuesto a gastar para obtener ese paisaje perfecto para su aire libre. *(efecto)*

Mejoras de paisaje simples y asequibles. *(causa)* para que pueda aumentar drásticamente el valor y el atractivo de su propiedad con algunas estrategias simples y baratas. *(efecto)*

Diseños de paisajes de jardines con varios atractivos. *(causa)* para que pueda obtener ideas para un ambiente de jardín formal, ligero, refrescante o el tipo que desee. *(efecto)*

Fotos organizadas en 64 galerías. *(causa)* Para que pueda encontrar fácilmente los diseños específicos que está buscando. Encuentre galerías de fachadas, fuentes, patios, jardines, garajes, césped, piscinas, flores, pérgolas, glorietas. *(efecto)*

La lista sigue y sigue.

Ejemplo 3.- El siguiente conjunto de sentencias corresponde una carta de ventas donde se promueve un curso de escritura publicitaria.

Aquí hay un adelanto de lo que aprenderás mientras entrenas para convertirte en un respetado redactor publicitario altamente pagado en los próximos meses.

En el Módulo 1, te presentaré tal vez la habilidad de redacción y venta más poderosa, de la que nadie habla en esos libros "clásicos". *(causa)* Domina esta UNA HABILIDAD, y ya eres parte del camino para convertirte en un gran redactor. *(efecto)*

Los cuatro "niveles" de por qué la gente compra... *(causa)* Las características y beneficios realmente solo rascan la superficie. *(efecto)*

Descubra mi exclusivo "Sistema de puntos de acuerdo". *(causa)* para crear un acuerdo con el lector, de modo que estén listos para decir "¡Sí!" al terminar. *(efecto)* No se trata de trucos tontos como agregar "¿verdad?" al final de una oración. Es mucho, mucho más profundo ... y se basa en ideas científicas sobre cómo actúan las personas.

Te daré una docena de formas diferentes de comenzar una carta de ventas, *(causa)* para que nunca te quedes estancado al comenzar. *(efecto)*

Mi exclusivo sistema *(causa)* le muestra cómo crear viñetas que dejan a tus lectores prácticamente DESEANDO tu producto. *(efecto)*

Descubra mi estrategia única de "Armamento de palabras", *(causa)* que le permite implantar ideas en las mentes de las personas de una manera casi "encubierta". *(efecto)* (Adictos a la PNL ... no, no tiene nada que ver con "comandos incrustados"). Advertencia: ¡SOLO te lo enseñaré si prometes usarlo con cuidado y compasión, porque es como la palabra dinamita!

... y mucho, mucho más.

Ejercicios:

Visita las siguientes cartas de ventas, visualízalas en español, estúdialas, analízalas e identifica en ellas las secciones de "Sentencias De Causa-Efecto que generan Emociones Positivas". (Para ver traducidas a español las cartas de ventas en inglés ir a sección "Antes de Empezar")

https://copywritingsecrets.com/

18.- Qué dicen los Expertos

Descripción:
Como lo establece Robert B. Cialdini en su libro *"Influence, The Psychology of Persuasion"*, uno de sus principios conocido como "Principio de Autoridad" se refiere a la influencia que los líderes tienen sobre el público y nos dice que para hacer que una idea, producto o servicio se aceptado por una gran cantidad de personas, sólo es necesario convencer a los expertos en la materia.

La gente acude a los expertos cuando tiene una de necesidad, es por eso por lo que cuando alguien que es percibido como una autoridad propone algo, es mucho más probable que sea aceptado que cuando lo dice alguien que carece de dicha autoridad.

Es muy importante hacer notar que los testimonios expresados por los expertos deben ser reales y debemos contar con su autorización expresa para publicarlos.

Una manera de obtener estas opiniones de los expertos es ofrecerles de manera gratuita nuestro producto o servicio para que lo evalúen y poder obtener así su opinión.

Propósito:
El propósito de este bloque es aumentar el interés y el deseo de nuestros prospectos en nuestro producto o servicio al identificar figuras de autoridad que lo han utilizado y que además dan testimonio acerca de su eficacia.

Secciones del Modelo AIDA en que se utiliza: **Interés, Deseo**

Ejemplos:
Ejemplo 1.- El siguiente conjunto de testimonios corresponde a una carta de ventas que promueve un programa de recuperación de la autoestima.

No solo mis clientes de entrenamiento están asombrados por la mejora en la calidad de sus vidas después de implementar el programa de restauración de la autoestima. Mire lo que algunos de mis estimados colegas en el campo de la optimización del rendimiento tienen que decir:

"El Dr. Rubino ha trazado un camino de sentido común y seguro para superar nuestra magnificencia perdida. ¡Este programa es excelente!"
- Robert Hickey, psicólogo clínico y presidente de la Fundación Kansas para la Atención Administrada de la Salud del Comportamiento

"Personalmente he usado estos principios para ayudar a miles a ser seguros de sí mismos, felices y prósperos. ¡Este es un sistema que realmente cambia la vida!"
- Dr. Tom Ventullo, Presidente, Centro de Reinvención Personal

"El Dr. Joe Rubino es un experto en defender a las personas para desarrollar una alta autoestima y ser lo mejor que puedan. ¡Este libro permitirá que su corazón cante y su espíritu se dispare!
- Constance Dugan, Presidenta, The Heart of Business

Ejemplo 2.- El siguiente conjunto de testimonios corresponde a una carta de ventas que promueve un programa nutricional para mejorar el estado de salud en general.

Expertos de Todo El Mundo Coinciden En Que La Correcta Nutrición y Las Terapias Naturales Son El Camino a Seguir

Testimonios Médicos

Como resultado de sus años de estudios el Dr. Max Gerson logró afirmar: "Debemos ir más allá de ver a las enfermedades como una erupción espontánea dentro de un cuerpo sano. Sino que debemos verlo como el resultado final de la degradación generalizada de los sistemas corporales. Por medio de un programa nutricional basado *en alimentos crudos, jugos de frutas y verduras, es posible fortalecer el cuerpo y alcanzar la curación. Una dieta estricta y natural, logra que el cuerpo reactive todas sus funciones y sea capaz de auto curarse..."*

"Estoy profundamente convencido que la manera de obtener una salud de acero y un buen aspecto es enseñando a la gente la manera correcta de utilizar las terapias naturales. Es posible mejorar con sistemas que no utilizan ninguna clase de droga, sino que solo emplean fuerzas naturales, como hierbas, luz del sol, agua, dieta, ejercicio, masaje, hidroterapia..."
Dr. Jerry Lee Hoover

"Fueron varios los estudios en los Estados Unidos que confirmaron que implementar algunos pocos y simples cambios en la dieta y el estilo de vida han sido mucho más efectivos para controlar y mejorar el aspecto de la piel que los efectos de las cremas y medicamentos. Incluso se registraron casos que superaron en un 100% a los conseguidos por los mismos..."
Dr. Milán Dosh

"La vejez en el rostro puede ser muy embarazosa, pero afortunadamente en la actualidad hay una serie de tratamientos que pueden detenerlos de manera natural. Es posible reducir significativamente los efectos siguiendo una dieta sana, día tras día, sumado a una serie de ejercicios..."
Dr. Luís A. Gascón

Ejemplo 3.- El siguiente conjunto de testimonios corresponde a una carta de ventas que promueve un suplemento alimenticio para atletas de alto desempeño.

Paul Chek
FUNDADOR, INSTITUTO CHEK Y PROGRAMA DE MAESTRÍA DE ÉXITO PPS

"Como fundador de un instituto que enseña salud holística, correctivo y ejercicio de alto rendimiento en todo el mundo, recibo una corriente casi constante de productos que me envían los fabricantes para que los pruebe y de mi opinión. Lamentablemente, la gran mayoría de ellos solo son efectivos como placebos en el mejor de los casos, y muchos son ilusiones baratas y de baja calidad. Cuando esta empresa compartió sus productos para probar, tuve una experiencia MUY diferente, al igual que todos mis clientes y atletas con los que los he compartido. Los productos "Producto-XYZ" son realmente efectivos para mejorar la digestión, el metabolismo / la producción de energía, la salud y protección intestinal, la limpieza y más. Los uso todos los días yo mismo."

Mike Westerdal
FUNDADOR DE CRITICALBENCH.COM
"La capacidad de su cuerpo para recuperarse de sus entrenamientos está limitada por la capacidad de absorber y utilizar aminoácidos.
Es por eso por lo que tomo los productos "Productos-XYZ", para poder consumir menos proteínas al día y REALMENTE digerir y absorber lo que estoy comiendo en lugar de tirarlo por el inodoro."

Dave Ruel
EMPRENDEDOR EN SERIE
"Tomo Productos-XYZ todos los días. 8 con comidas y 4 con meriendas. Mi digestión nunca me he sentido mejor y nunca he tenido tanta energía durante todo el día."

Stefan James
EMPRENDEDOR EN SERIE, BODYBUILDER, FUNDADOR DEL PROYECTO LIFE MASTERY
"Mi objetivo es optimizar mi salud: es importante para mí debido a mis objetivos en el gimnasio y en los negocios. Productos-XYZ me ayuda a mantenerme saludable, delgado y tener una gran digestión."

Vince DelMonte
ENTRENADOR, BODYBUILDER, WBFF PRO

"Los tomo todos los días porque entiendo la importancia de tener una gran salud intestinal. Productos-XYZ son parte de mi régimen diario que uso para atacar la inflamación intestinal."

Caleb Jennings
EXPERTO EN SALUD HOLÍSTICA, BIOHACKER
"¡Tus enzimas me están volviendo loco! Mi cuerpo se está transformando rápidamente y esas han sido la mayor incorporación reciente a mis últimos esfuerzos. He atravesado múltiples mesetas en una variedad de ejercicios … la grasa se está derritiendo como mantequilla en el calor del sol … mis niveles de energía son sosteniblemente altos. ¡Mi sueño está mejorando aún más y recorté un día entero de mi tiempo de recuperación promedio entre entrenamientos pesados! Sus productos son un cambio de juego serio y un transformador de salud. Pruebo muchas cosas, así que no digo eso a la ligera. ¡Ustedes están haciendo un serio impacto positivo medible! ¡Grandes abrazos, mucho amor y un enorme aprecio para ti y tu tripulación!"

Ejercicios:
Visita las siguientes cartas de ventas visualízalas en español, estúdialas, analízalas e identifica en ellas las secciones "Lo que dicen los Expertos". (Para ver traducidas a español las cartas de ventas en inglés ir a sección "Antes de Empezar")

https://www.totalselfesteem.com/
https://gimnasiafacial.net/
https://masszymes.com/cb/
https://theantianxietyplan.com/order/

19.- Testimonios

Descripción:
Robert B. Cialdini en su libro "Influence, The Psychology of Persuasion", también establece en uno de sus principios conocido como "Prueba Social", que, en situaciones sociales ambiguas, las personas que tienen dificultad para tomar una decisión se basan en el supuesto de que otras personas poseen más conocimiento sobre la situación actual y que si estas personas ya han tomado una decisión, entonces asumen que es correcto tomar esa misma decisión también.

La prueba social es un fenómeno psicológico en el que las personas hacen referencia al comportamiento de los demás para guiar su propio comportamiento. Esta tendencia es impulsada por nuestro deseo natural de comportarnos "correctamente" en la mayoría de las circunstancias, ya sea decidiendo a dónde debemos ir, dónde vamos a comer, qué debemos comprar, etc.

Nuestro objetivo en este caso es que este bloque, más que ser redactado por el autor de la carta de ventas, sea conformado por una serie de segmentos de texto donde cada uno corresponde a la opinión de un cliente satisfecho acerca de nuestro producto o servicio, en cada opinión o testimonio se pueden citar además del nombre del cliente, el nombre del negocio donde trabaja, el puesto que ocupa, y el lugar geográfico donde reside.

Es muy importante hacer notar que los testimonios deben ser reales y debemos contar con la autorización expresa del cliente que lo emitió para publicarlo, muchas veces los clientes envían de manera espontánea sus comentarios a través de correo electrónico o de las redes sociales, entonces es necesario llevar a cabo un proceso para solicitar a los clientes el permiso para publicar sus testimonios, muchos estarán de acuerdo en participar si la experiencia con nuestro producto o servicio ha sido positiva.

También resulta muy útil y se ha convertido en una tendencia el publicar en la carta de ventas los testimonios que dan los clientes a través de las redes sociales como Facebook, Twitter y YouTube, mostrando las imágenes de los posts y ligando los videos publicados.

Los testimonios con frecuencia aparecen en las cartas de ventas antes de presentar el producto o servicio, de esa manera se crea mayor curiosidad y expectación en el prospecto porque, aunque todavía no lo conoce ya sabe de su eficacia.

Propósito:
Al igual que en el bloque titulado "¿Qué dicen los Expertos?", el propósito de este bloque es aumentar el interés y el deseo de nuestros prospectos en nuestro producto o servicio al conocer a personas que ya lo han utilizado y que además también ofrecen su testimonio acerca de los excelentes resultados obtenidos.

Secciones del Modelo AIDA en que puede ser utilizado el bloque de "Testimonios": **Deseo, Acción**

Ejemplos:
Ejemplo 1.- El siguiente conjunto de testimonios corresponde a una carta de ventas donde se promueve un paquete de ideas para decoración de jardines.

"¡Ideal para inspiraciones e ideas!"

Ryan y Chloe
Langley, Reino Unido
Esta es, con mucho, una de las mejores colecciones y guías sobre diseño de paisajes que he comprado.

Está bien organizado, repleto de hermosas fotografías, ideas y diagramas de paisajes. Estos diseños son para todos, desde principiantes hasta profesionales capacitados. Gran fuente de inspiración e ideas. Esto se ha convertido en una valiosa adición a nuestra biblioteca de referencia.

"Mi salvación en paisajismo"

Teri Lewis
Brisbane, QLD
Soy jardinero por solo dos temporadas hasta ahora. Estoy sorprendido de todas las ideas únicas que presentó esta colección. Me permitió ver las posibilidades que podría incorporar en la remodelación de mi patio delantero.

Siguiendo solo dos de sus consejos, me ha ahorrado cientos en paisajismo y constructores. Han hecho un trabajo excepcional al crear algo que proporciona orientación visual, que permite descubrir posibilidades que nunca soñé que existieran ...

"¡El empujón final que necesito para diseñar mi patio trasero!"

Keith Hurley
Staten Island, Nueva York
Esto es exactamente lo que estaba buscando. Las fotos y el texto son informativos e inspiradores, pero lo que hace que este libro se destaque es la gran cantidad de temas y estilos. Puede usarlo para identificar su estilo personal y decidir si desea un estilo de patio delantero y central, uno de círculos superpuestos o similar.

Me dio el empujón final que necesitaba para finalmente dar sentido a mi desafiante paisaje de patio trasero, ¿y adivina qué? ¡Me encanta!
...

Ejemplo 2.- El siguiente conjunto de testimonios corresponden a una carta de ventas donde se promueve un programa para iniciar un negocio rentable de carpintería.

"Una necesidad"

"Una herramienta imprescindible para quienes recién comienzan en sus negocios. Es obvio que han hecho una extensa investigación. Es extremadamente detallado, profundo y lleno de recursos; sin embargo, el estilo de escritura fluye y es fácil de leer ".
- David Wagner, Minden, NV

***

"El único libro que necesitarás"

"Si desea leer solo un libro sobre cómo iniciar un negocio de carpintería, este sería el indicado. Primero leí un libro diferente y tenía más preguntas que respuestas. Este libro finalmente respondió a todas mis preguntas, incluidas muchas que ni siquiera sabía que tenía ".
- Madeline Le, Bellingham, WA

***

"Un excelente recurso"

"Recientemente compré una copia y descubrí que es un recurso excelente. En mi opinión, es el libro definitivo para cualquiera que esté pensando en comenzar un negocio de carpintería".
- Glen Kirkland, Kansas City, MO

Ejemplo 3.- El siguiente conjunto de testimonios que corresponde a una carta de ventas donde se promueve un programa para entrenamiento para perros

"Actualización sobre mi Mascota: ¡lo he involucrado en algunos de los juegos y ya puedo ver una diferencia en su confianza! Mi otro perro jugaba y él se intrigó, ahora es una parte diaria de nuestra rutina, aproximadamente 3 veces al día hacemos el juego de conchas y el juego de panecillos. ¡Estoy muy agradecido por conocer tus técnicas de entrenamiento!

Joanna A. - Dueña de mascota
***

"Desde que uso su programa para entrenamiento para perros, mis perros están más emocionados de aprender. ¡Desean participar activamente y descubrir qué deben hacer! No se trata de "ordenar" que realicen un comportamiento, se trata de hacerlos pensar. ¡Realmente me encanta este enfoque del adiestramiento canino y a mis perros también!"
Rosemary D. - Dueña de mascota
***

"Después de completar este programa, me siento 100 veces más seguro y mucho mejor con respecto al entrenamiento. Tengo una mejor comprensión de los comportamientos y mi cachorro definitivamente parece captar esa confianza. Este sistema es el mejor refuerzo de confianza y la mejor manera de enseñar a su perro ".
Sonoma W. - Dueño de mascota

Ejercicios:
Visita las siguientes cartas de ventas, visualízalas en español, estúdialas, analízalas e identifica en ellas las secciones de "Testimonios". (Para ver traducidas a español las cartas de ventas en inglés ir a sección "Antes de Empezar")

https://www.geniusbrainpower.com/
https://20daypersuasion.com/index.php
https://www.angularcheilitisfreeforever.com/
https://www.aquaponics4you.com/
https://www.bowlegsnomore.com/
http://www.coverthypnosis.net/
https://gimnasiafacial.net/
http://www.ideas4landscaping.com/
http://www.my-grape-vine.com/
http://www.skinwhiteningforever.com/

20.- Visión Futura

Descripción:

La Visión Futura es una técnica en la que llevamos a nuestro prospecto a imaginarse a sí mismo en el futuro en una determinada situación deseada.

La Visión Futura comienza utilizando la palabra "Imagina" o una frase que la contenga.

La palabra *"Imagina"* es muy poderosa, le estás dando a tu prospecto la orden directa de imaginar. Después de la palabra o frase *"Imagina"*, debemos enfocar su atención en los beneficios de nuestro producto o servicio.

Una manera de obtener mejores resultados usando esta técnica es referirse a esa situación futura que queremos que nuestro prospecto se imagine, pero en tiempo PRESENTE. Como se puede observar en el primer ejemplo, el párrafo consta de una serie de frases que deliberadamente hacen referencia en tiempo presente a las experiencias positivas futuras deseadas, por ejemplo: *"En este momento ...", "Eres el mejor...", "estás recibiendo ...", "tienes carisma...", "tienes la confianza ..."*

Propósito:

A través de este bloque buscamos crear en nuestro prospecto un fuerte deseo por nuestro producto o servicio haciendo que viva en su imaginación los beneficios de poseerlo.

Secciones del Modelo AIDA en que se utiliza: **Deseo, Acción**

Ejemplos:

Ejemplo 1.- El siguiente conjunto de sentencias corresponde a una carta de ventas donde se promueve un programa para aprender técnicas de persuasión.

Tómate unos segundos para imaginar esto ...

En este momento ... eres el mejor vendedor o empleado ... estás recibiendo grandes cheques de pago ... tienes carisma magnético ... tienes una súper capacidad de hacer amigos y llevarte bien con cualquiera ... tienes la confianza imparable para persuadir a cualquiera de que haga lo que quieras ... sensación increíble, ¿no?

¿Y si te dijera que tus sueños más codiciados finalmente pueden convertirse en realidad, escucharías cada palabra que voy a decirte?

Ejemplo 2.- El siguiente conjunto de sentencias corresponde a una carta de ventas que promueve un sistema para cultivar vegetales con el método de hidroponía.

Imagine un jardín donde no haya más malezas o plagas del suelo, sin labranza o cultivo, sin esparcimiento de fertilizantes o trituración de compost, sin esparcimiento o riego de estiércol, y no se requiere cobertizo de tractor ...

***

Imagina que conoces un secreto sobre el cultivo de plantas de una manera nueva e innovadora ... para el mundo exterior, tu jardín o granja orgánica parecería casi "mágico", ¿por qué? ¡Porque la gente casi nunca te ve trabajando en ello! ...

***

Imagina por un momento que tienes la capacidad de conectarte a las raíces de una planta ... es el sistema de soporte vital ... y darle TODO lo que necesita, 24/7/365 días al año. Todos los nutrientes ricos y vivos, minerales y vitaminas.

***

Imagina no más desherbar o quejarte con el suelo, no más fertilizantes o abono. Todo este trabajo duro es eliminado y automatizado por el sistema de entrega de nutrientes. ¡Esto vale oro por sí mismo!

Ejemplo 3.- El siguiente conjunto de sentencias corresponde a una carta de ventas que promueve un curso sobre como grabar videos profesionales utilizando solamente una cámara DSLR básica.

Imagina que pudieras tomar un atajo masivo y obtener TODA la información que necesitas para grabar videos en cuestión de días en lugar de años

Imagina que pudieras aprender exactamente cómo un cineasta y fotógrafo galardonado graba, produce, dirige y edita impresionantes videos HD usando una DSLR de nivel de básico

Imagina que pudieras mirar detrás de escena, seguirlos en sesiones de video para aprender sus secretos y ver exactamente cómo hacerlo por ti mismo ... todo al mismo tiempo

Ejercicios:
Visita las siguientes cartas de ventas, visualízalas en español, estúdialas, analízalas e identifica en ellas las secciones de "Visión futura". (Para ver traducidas a español las cartas de ventas en inglés ir a sección "Antes de Empezar")

https://20daypersuasion.com/
https://www.aquaponics4you.com/
https://froknowsphoto.com/dslr-video-guide/
https://www.braintraining4dogs.com/get-btfd/
http://www.coverthypnosis.net/
https://gimnasiafacial.net/

21.- Introducción de Producto

Descripción:
En este punto dentro del modelo AIDA, ya hemos llevado a nuestro prospecto por las etapas de Atención e Interés dentro de nuestra carta de ventas y ahora se encuentra en la etapa de Deseo, ya le hemos hecho saber que no está solo, que su problema tiene solución y ya nos hemos presentado y le hemos contado un poco de nuestra historia y cómo llegamos a encontrar la solución, incluso ya ha leído testimonios de clientes y expertos en la materia, ahora es el momento de presentar nuestro producto.

Este bloque introduce formalmente nuestro producto o servicio a nuestro prospecto y da una descripción general de lo que puede hacer, puede ser una breve descripción o un texto un poco más extenso, pero siempre es una descripción general ya que en un bloque subsecuente se enlistan detalladamente todos los beneficios que ofrece el producto o servicio.

Secciones del Modelo AIDA en que se utiliza: **Deseo**

Ejemplos:
Ejemplo 1.- El La siguiente introducción corresponde una carta de ventas que promueve un curso de apicultura ...

> *Introduciendo*
> *Apicultura 101, un manual en PDF para apicultores principiantes*
>
> *Un curso integral de apicultura para principiantes que cubre todo lo que necesita saber para comenzar su propio apiario. Tendrá muchas preguntas, ¡esta guía fue desarrollada para darle la base del conocimiento que cada apicultor debe tener para mantener con éxito sus colmenas!*

Ejemplo 2.- La siguiente introducción corresponde a una carta de ventas que promueve un paquete de planos para proyectos de carpintería.

Introduciendo ...

¡Planos de carpintería de Max!

No importa cuál sea su nivel de experiencia, encontrará algo en mi paquete de planos y proyectos para satisfacer sus necesidades. Tenemos múltiples diseños para cada proyecto para adaptarse a varios niveles de experiencia. Si solo eres un carpintero con poca experiencia, no te preocupes.

También tenemos proyectos más técnicos para aquellos trabajadores de la madera experimentados que buscan un desafío.

Ejemplo 3.- La siguiente introducción corresponde a una carta de ventas que promueve un sistema de cultivo de uva.

Presentamos el nuevo sistema completo de cultivo de uva ...

He diseñado el sistema completo de cultivo de uva para que sea lo más simple posible de seguir.

Está diseñado para el novato absoluto, pero también contiene información que incluso el productor de uva más experimentado puede usar para impulsar su propia granja de uvas.

Personas de todo el mundo disfrutan de los 20 años de conocimiento sobre el cultivo de la uva que comparto en este sistema.

Si te tomas en serio el cultivo de uvas, si quieres evitar el fracaso y la angustia, entonces realmente no puedes dejar pasar esta oportunidad.
La verdad es; Si cuida su viña de la manera correcta, producirá uvas que ni siquiera te puedes imaginar.

Ejemplo 4.- La siguiente introducción corresponde a una carta de ventas que promueve un curso de técnicas de persuasión.

Me gustaría presentarles mi obra maestra ...

Cómo persuadir, técnicas de persuasión, persuasión instantánea, poder de persuasión.

Cómo ser un experto persuasor ... En 20 días o menos, está repleto de 418 páginas llenas de información infalible y poderosa para persuadir e influir automáticamente en las personas ... ¡incluso si nunca ha convencido o persuadido a nadie en toda su vida!

¡Alerta! Algunos libros con mucho menos páginas que la mía contienen tanta información innecesaria que encontrar las "gemas" es como buscar una aguja en el pajar. Este ciertamente NO es el caso.

La mayor parte del contenido de mi curso es directo al grano y fácil de leer, porque explico claramente cómo funcionan mis secretos de persuasión en detalles muy simples.

También te doy muchas historias y ejemplos interesantes con los que puedes relacionarte, para que puedas comprender plenamente estas poderosas ideas.

Aunque consta de 418 páginas de información que cambia la vida, la he diseñado en un formato en el que puedes terminar todo el curso en 20 días o menos.

Lo he dividido en 20 capítulos. Simplemente termina un capítulo al día, luego practica los principios a medida que avanzas ese día. (Si tienes mucho tiempo libre, incluso podrías leer o escuchar más de un capítulo en un día).

Con 418 páginas, leerás o escucharás un promedio de alrededor de 21 páginas por día. Eso es muy factible, ¿no? Cada segundo que pasas leyendo definitivamente vale la pena tu tiempo. Odio perder el tiempo tanto como tú.

Dentro de 20 días, serás un experto en persuasión con la increíble capacidad de impulsar tu negocio o carrera, ganar muchos amigos, mejorar tus relaciones, hipnotizar al sexo opuesto y persuadir a cualquiera de que haga lo que quieras.

Ejercicios:
Visita las siguientes cartas de ventas, visualízalas en español, estúdialas, analízalas e identifica en ellas las secciones de "Introducción de Producto". (Para ver traducidas a español las cartas de ventas en inglés ir a sección "Antes de Empezar")

http://www.maxswoodworking.com/
http://www.my-grape-vine.com/
https://20daypersuasion.com/
http://www.alimentosparabelleza.com/
https://gimnasiafacial.net/
http://www.ideas4landscaping.com/
http://www.discoverbeekeeping.com/

22.- Conjunto de Beneficios de usar mi Producto (Causa-Efecto)

Descripción:
Una vez que nuestro producto o servicio ha sido presentado de manera general a nuestro prospecto, su deseo por saber más se incrementa y siente la necesidad de conocer los detalles, por lo que es momento de mencionar cada uno de los beneficios que ofrece.

En este bloque se describen a través de viñetas, cada uno de los beneficios que nuestro producto o servicio brinda, es importante mencionar que debemos ser muy cuidadosos ya que debemos decirle que es lo que cada uno de los beneficios le ofrece, pero nunca debemos decirle los detalles de cómo es que los obtendrá. Para lograr este propósito, se utiliza el concepto de causa-efecto que revisamos al inicio del libro, donde en cada viñeta describimos cada beneficio diciendo primero que hará nuestro producto (causa) e inmediatamente después describimos el resultado que obtendrá (efecto)

Propósito:
De esta manera al mismo tiempo que va conociendo nuestro producto, su deseo de tenerlo aumenta porque se da cuenta que es justamente lo que necesita para resolver su problema.

Secciones del Modelo AIDA en que se utiliza: **Deseo**

Ejemplos:
Ejemplo 1.- El siguiente conjunto de beneficios corresponde a una carta de ventas que promueve un paquete de audios especialmente diseñados para estimular la actividad cerebral para promover la creatividad, el enfoque, la claridad mental, etc.

Aquí tienes algunas de las "actualizaciones cerebrales" que puedes lograr fácilmente si implementas los métodos secretos para activar la actividad de nivel genio en tu cerebro.

*Aumenta drásticamente el poder de procesamiento de tu cerebro (**causa**) para que puedas poner fin a la sensación de "niebla mental" para   siempre   (**efecto**)...*

*Libera fácilmente el estrés, las preocupaciones y la ansiedad (**causa**) para que puedas lograr tus objetivos sin sentirte abrumado (**efecto**)...*

*Aumenta tu nivel de energía a voluntad (**causa**) para que no tengas que depender de la cafeína para pasar el día (**efecto**)...*

*Aprende rápidamente nueva información y habilidades (**causa**) para que puedas obtener lo que quieras de la vida con tu grupo de talentos en constante expansión (**efecto**)...*

*Activa instantáneamente el "Modo maestro de ejercicio" en tu cerebro (**causa**) para que puedas tener entrenamientos increíbles cada vez (**efecto**) ...*

*Experimenta un sueño más profundo y reparador (**causa**) para que puedas despertarte sintiéndose bien y listo para hacer lo que quieras (**efecto**) ...*

*Logra sin esfuerzo estados increíblemente profundos de relajación y meditación (**causa**) para que puedas experimentar la verdadera paz interior en tu vida cotidiana (**efecto**) ...*

Ejemplo 2.- El siguiente conjunto de beneficios corresponde a una carta de ventas que promueve un método para mejorar la salud y la apariencia personal en base a una alimentación sana y natural.

Dentro De Mi Programa Descubrirás...

Mi codiciada "Alternativa al Botox de 50 centavos", que sólo toma unos 7 minutos de preparación, menos de 50 centavos *(causa)*, y te deja luciendo como si acabaras de ir a una "Fiesta de Botox" (¡sólo que sin esas manchas rojas y marcas de agujas!) *(efecto)*

Los alimentos que puedes usar tópicamente (esto NO es una dieta) *(causa)* que mejoran instantáneamente la firmeza y textura de tu piel... *(efecto)*

El secreto oriental para un pelo brillante *(causa)* que supera a cualquier champú...*(efecto)*

La mezcla de "princesa persa" que uso para mí y mis clientes *(causa)* para darle al área del cuello un aspecto fantástico y más juvenil. *(efecto)*

Consejos para manos más jóvenes (damas, ¡ya saben lo importantes que son las manos!)

La mejor manera *(causa)* de evitar las arrugas futuras y cómo tratar las que puedas tener ahora... *(efecto)*

Los escasos productos comprados en la tienda que recomiendo (no hay muchos) ... y señoras, estos no son necesarios (sólo quería ser detallista)

Consejos simples como "añade este alimento" que te ayudarán a retardar el proceso de envejecimiento... y no, no se trata de una dieta (personalmente no me gusta hacer dieta en absoluto, ¡pero me encantan estos alimentos sabrosos!)

Las verdaderas razones por las que envejecemos más rápido de lo que deberíamos *(causa)*, y lo que puedes hacer al respecto, a partir de hoy ... *(efecto)*

Y mucho, mucho más...

Ejemplo 3.- El siguiente conjunto de beneficios corresponde a una carta de ventas que promueve un paquete de ideas de diseño de jardines para diferentes escenarios.

Con este paquete, obtendrás acceso instantáneo a:

Miles de diseños e instrucciones de paisajismo de alta calidad **(causa)***. para que no tengas que conformarte con los diseños limitados, mediocres y típicos que ves en revistas o en muchos sitios web* **(efecto)**

Diseños para tu patio delantero, patio trasero y jardín. **(causa)** *para que puedas crear fácilmente planes de paisajismo en cualquier lugar de tu casa* **(efecto)**

Guías paso a paso y consejos de diseño. **(causa)** *¡para que puedas comenzar de forma "profesional" inmediatamente tu exterior este fin de semana!* **(efecto)**

Diseños de paisajismo básicos y profesionales. **(causa)** *para que puedas usar las ideas si eres un principiante de bricolaje, un paisajista profesional o un propietario dispuesto a gastar para obtener ese paisaje perfecto para tu exterior* **(efecto)**

Mejoras de paisaje simples y asequibles. **(causa)** *para que puedas aumentar drásticamente el valor y el atractivo de tu propiedad con algunas estrategias simples y baratas* **(efecto)**

Diseños de paisajes de jardines con varios atractivos. **(causa)** *para que puedas obtener ideas para un ambiente de jardín formal, ligero, refrescante o cualquier tipo de ambiente que desees* **(efecto)**

Fotos organizadas en 64 galerías. **(causa)** *Para que puedas encontrar fácilmente los diseños específicos que estás buscando. Encuentra* *galerías para fachadas, fuentes, patios, jardines, garajes, césped, piscinas, flores, pérgolas, glorietas. La lista sigue y sigue. **(efecto)***

Con actualizaciones de por vida GRATIS. ¡así descubrirás más ideas frescas de paisajismo tan pronto como se actualice la base de datos!

Ejemplo 4.- El siguiente conjunto de beneficios corresponde a una carta de ventas que promueve un método de para cocinar alimentos que ayudan a quemar grasa rápidamente.

LO QUE APRENDERÁS Y ENCONTRARÁS EN NUESTRO PROGRAMA

Más de 250 recetas:
*Todo diseñado con ingredientes metabólicos termo cargados. Todas estas recetas son rápidas y fáciles de preparar, son ultra sabrosas **(causa)** y aumentarán tu metabolismo para una dieta para quemar grasa. **(efecto)***

Un sistema nutricional incorporado:
*Nuestro perfil nutricional metabólico especial que estamos utilizando en todas las recetas Te dirá exactamente qué nutrientes estás ingiriendo y te asegurará de que cada comida aproveche al máximo su tasa metabólica. **(causa)** Ahora, administrar su nutrición será más simple y mucho más efectivo. **(efecto)***

TODO sobre los alimentos quemadores de grasa:
*¡Tendrás acceso a nuestra lista exclusiva de alimentos metabólicos que queman grasas con carga térmica superior! **(causa)** Todo lo que una persona que busca perder grasa corporal debe saber sobre alimentación y nutrición. **(efecto)***

Nuestras 10 reglas de cocina y nutrición:
*Conozca nuestros principios esenciales y no negociables **(causa)** para tener éxito con tus objetivos de pérdida de grasa. **(efecto)***

Cómo vencer el fenómeno de adaptación metabólica:

Aprenderás qué, cuándo y cómo comer para quemar la grasa sin parar (causa), más rápido y mantenerte así por SIEMPRE. (efecto)

Cómo crear tu propio plan individualizado de comidas para la pérdida   de   grasa:
Sabrás exactamente cómo crear, ajustar y adherirte a un plan de comidas PERFECTO (causa) para la pérdida de grasa que esté completamente individualizado para satisfacer TUS necesidades particulares. (efecto)

Cómo administrar con éxito tu cocina, tu preparación de comidas y tu presupuesto de alimentos:
Aprenderás todos los trucos para administrar y preparar tus comidas más rápido que nunca (causa), y ya no perderás tu dinero. (efecto)

Acceso completo a nuestras listas privadas de recursos:

Se te proporcionarán nuestras listas personales de compras de comestibles, (causa) dónde podrás obtener los mejores suministros de cocina e ingredientes de calidad, nuestro glosario de cocina e incluso los mismos registros diarios de alimentos que utilizamos en el hogar. (efecto)

Ejercicios:
Visita las siguientes cartas de ventas, visualízalas en español, estúdialas, analízalas e identifica en ellas las secciones de "Beneficios de mi Producto o Servicio". (Para ver traducidas a español las cartas de ventas en inglés ir a sección "Antes de Empezar")

https://www.geniusbrainpower.com/
http://www.alimentosparabelleza.com/
http://www.ideas4landscaping.com/
https://copywritingsecrets.com/
https://offer.metaboliccooking.com/

23.- Conjunto de Logotipos

Descripción:
En el bloque No. 23 titulado "Qué dicen los expertos", hablamos sobre el Principio de Autoridad de Robert Cialdini, y nos dice que para hacer que una idea, producto o servicio sea aceptado por una gran cantidad de personas, sólo es necesario convencer a los expertos en la materia.

Este bloque corresponde a una variante del mismo principio, pero en este caso la autoridad no se refiere a una persona sino a una empresa o institución que de alguna manera ha reconocido la eficacia de nuestro producto o servicio y si ese es el caso, simplemente agregamos a nuestra carta de ventas los logotipos de las empresas o instituciones en las que ha sido reconocido y de esa manera nuestro prospecto inmediatamente sabrá que es un producto en el que se puede confiar.

Propósito:
El propósito de este bloque es incrementar la confianza y el deseo de nuestro prospecto por nuestro producto al ver que además de que existen personas que lo avalan, también lo hacen empresas e instituciones.

Secciones del Modelo AIDA en que se utiliza: **Deseo**

Ejemplos:

Ejemplo 1.- El siguiente Conjunto de Logotipos corresponde a una carta de ventas que promueve un libro sobre la generación de tráfico calificado para marketing en Internet.

Forbes Entrepreneur CBS© Inc. 5 0 THE PROFIT

Ejemplo 2.- El siguiente conjunto de Logotipos corresponde a una carta de ventas que promueve un paquete de ideas para diseño de jardines.

Read on to discover how you can gain instant access to the freshest landscaping ideas & videos that are sure to spice up your home sweet home!

Ejemplo 3.- El siguiente Conjunto de Logotipos corresponde a una carta de ventas que promueve un sistema para cocinar alimentos que ayudan a quemar la grasa rápidamente.

Featured In...

Fat Loss Cooking Experts Karine Losier and Dave Ruel Have Been Featured In and On Many Radio Programs, TV Shows, Websites and Magazines Such As:

Ejemplo 4.- El siguiente Conjunto de Logotipos corresponde a una carta de ventas que promueve un método para eliminar achaques y dolores corporales.

Breakthrough Research Reveals The One Simple
Strategy To Treat All Your Annoying Aches & Pains

Our Success Has Been Featured In

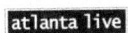   

Ejercicios:
Visita las siguientes cartas de ventas, visualízalas en español, estúdialas, analízalas e identifica en ellas las secciones de "Logotipos". (Para ver traducidas a español las cartas de ventas en inglés ir a sección "Antes de Empezar")

https://www.recipesecrets.net/restaurantrecipes/
https://trafficsecrets.com/ts-free-book
https://dotcomsecrets.com/get-dcs-free
https://expertsecrets.com/get-es-free
https://offer.metaboliccooking.com/home31212303
https://www.angularcheilitisfreeforever.com/
https://www.myshedplans.com/go/
https://painfree.mindbodymatrix.com/space-age-treatment

24.- Cómo funciona mi Producto o Servicio

Descripción:

Hasta aquí, nuestro prospecto ya sabe de la existencia de nuestro producto o servicio, ya le dijimos que es justamente lo que necesita para resolver su problema, ya conoce los beneficios que obtendrá al utilizarlo, ahora es momento de darle más detalles.

En este bloque damos una breve explicación de cómo es que nuestro producto o servicio le ayudará a resolver su problema, haciendo referencia a principios, métodos, tecnologías, etc. que se utilizan para resolver el problema que nuestro prospecto tiene, el objetivo es incrementar su confianza al conocer más sobre la forma en que funciona la solución y por lo tanto incrementar su deseo de adquirirlo.

Secciones del Modelo AIDA en que se utiliza: **Deseo**

Ejemplos:

Ejemplo 1.- La siguiente descripción de funcionamiento de producto corresponde a una carta de ventas que promueve un método para eliminar específicamente el dolor de espalda.

Pero... ¿Cómo Funciona Su Sistema?

Sé que está cansado de buscar soluciones y decepcionarse una y otra vez...

Es por eso por lo que primero me gustaría dejarle en claro que este programa NO ES otro un tratamiento mágico y muy costoso que no solucionará sus problemas con el dolor de espalda baja. Este es un sistema totalmente natural, sin contraindicaciones ni efectos secundarios, 100% efectivo y con resultados duraderos.

Mi método posee un enfoque multidisciplinario que resolverá su ciática, atacando por todos los frentes.

Mi Programa Se Basa En Los Siguientes Principios:

Un plan de ataque, con un enfoque holístico para mejorar su calidad de vida. Actividad física de bajo impacto, solo la apropiada para tratar su problema de ciática.

Un lugar importante para los remedios naturales y las terapias alternativas que mucho nos pueden dar todavía. Los aspectos emocionales y hormonales en el tratamiento del dolor del dolor de espalda baja.

Ejemplo 2.- La siguiente descripción de funcionamiento de producto corresponde a una carta de ventas que promueve un método de hipnosis encubierta.

¿Cómo funciona la hipnosis encubierta?

Comencé con el acondicionamiento encubierto y ahora he desarrollado esta tecnología de 18 años. La hipnosis secreta se trata de cambiar las mentes y el comportamiento de las personas intencionalmente.

No pienses por un momento que esto es un giro en la PNL.

PNL no es hipnosis encubierta. De hecho, la hipnosis conversacional no es hipnosis encubierta. Desarrollé la hipnosis encubierta para compartir la ciencia del comportamiento humano, no una filosofía de la mente.

Esto ocurre con el uso de señales (o desencadenantes) sutiles, subliminales o silenciosas en el medio ambiente; del uso del espacio, el tiempo, la comunicación no verbal y, a veces, las palabras que preparan la mente para responder de cierta manera.

Dirige la mente hacia el uso del movimiento, la acción, los no verbales, las preguntas y la preparación, principalmente cosas que no puedes ver ni escuchar.

Ahora aquí está la mejor parte. La hipnosis encubierta es una influencia sutil que te permite mover a las personas a un punto en el que aparentemente no pueden controlarse.

Usando la hipnosis encubierta, nunca escucharás una respuesta como, no creo que sea cierto, o, no hay forma de que eso pueda suceder. ¿Por qué? Porque inconscientemente confiarán y creerán, a menudo sin siquiera saber por qué.

Simplemente se sienten bien contigo.

Ejemplo 3.- La siguiente descripción de funcionamiento de producto corresponde a una carta de ventas que promueve un curso de redacción publicitaria.

Aquí hay una descripción rápida de cómo funciona.

Es un programa MENSUAL, que dura 12 meses.

Cada mes tendrás acceso a 3 nuevos módulos de capacitación en formato PDF descargable. Elegí este ritmo, porque es la velocidad que produce los mejores resultados para los nuevos estudiantes. Estos módulos son el corazón del programa de capacitación.

La mayoría de los módulos contienen lo que yo llamo una "Misión" ... una tarea divertida, diseñada para permitirte practicar lo que has aprendido. Me envías los resultados de tu misión y te daré su opinión. ¡Este es un aspecto crítico de aprender a convertirse rápidamente en un buen redactor!

Muchas de las misiones anteriores están diseñadas para que puedas armar tu primera carta de ventas de práctica. Pero no te preocupes ... estaré allí para ti en cada paso del camino.

Cada mes tendrás acceso a 2-3 videos nuevos de "Desglose de redacción", donde analizo algunas de las mejores redacciones de cartas de ventas, incluida una mezcla de cartas de ventas clásicas y modernas.

A partir del mes 4, ¡tendrás acceso a los nuevos videos "Obsérvame Escribir!", donde puedes verme escribir cartas de ventas completas, incluidos borradores, ¡desde cero!

Tu membresía incluye 4 "Críticas profundas". (Este servicio está disponible desde el Mes 4.) Una "Crítica profunda" incluye comentarios y análisis de hasta 5 borradores de una carta de ventas que estás escribiendo. Te recomiendo que use estas críticas para escribir y obtener comentarios sobre las cartas de ventas de práctica, antes de "vivir" esas experiencias con los clientes.

Ejercicios:

Visita las siguientes cartas de ventas, visualízalas en español, estúdialas, analízalas e identifica en ellas las secciones de "Como funciona mi Producto o Servicio". (Para ver traducidas a español las cartas de ventas en inglés ir a sección "Antes de Empezar")

https://adiosdolordeespalda.com/
http://www.coverthypnosis.net/
https://gimnasiafacial.net/
http://www.ultimatecopywriting.com/index-cb.html
https://coaching.copychief.com/ev37827458
https://landing.smartmarketer.com/pages/tmtp-digital

25.- Descripción de Módulo/Capítulo/Sección

Descripción:
Al igual que en el bloque anterior titulado *"Cómo funciona (Mi Producto o Servicio)"* nuestro prospecto ya sabe de la existencia de nuestro producto o servicio, ahora es momento de darle más detalles, este bloque es una variante que se utiliza cuando el producto o servicio que estamos ofreciendo, se refiere a un libro, un curso, un seminario o en general a cualquier material que esté dividido en capítulos, módulos o secciones. Aquí damos una breve explicación de cada una de estas secciones, dando a conocer brevemente el alcance y contenido de cada una de ellas además de la secuencia que llevan.

De esta manera le hacemos saber a nuestro prospecto con mayor precisión cómo es que nuestro producto o servicio le ayudará a resolver su problema.

Secciones del Modelo AIDA en que se utiliza: **Deseo**

Ejemplo 1.- El siguiente conjunto de descripciones de Módulo/Capítulo/Sección corresponden a una carta de ventas donde se promueve un curso para aprender a crear anuncios de Facebook orientado a los Bloggers.

...

Módulo 1

INTRODUCCIÓN A LOS ANUNCIOS DE FB PARA LA METODOLOGÍA DE BLOGGERS

Guía de inicio rápido: un desglose en profundidad de todo lo que necesita hacer para aprovechar al máximo este curso para que pueda comenzar a explotar el tráfico de su blog rápidamente.

¿Por qué FB Ads ?: Analizamos por qué los anuncios de Facebook son una estrategia tan efectiva para los bloggers, comparándolos con otras fuentes de tráfico comunes, incluidos Google, Pinterest y Twitter.

Cómo usar este curso: este curso es diferente de cualquier otro que hayas tomado. Hemos diseñado nuestro sistema de una manera que te ayudará a comenzar a ver los resultados desde el día 1. Asegúrate de ver este módulo ANTES de comenzar con el resto del curso.

Módulo # 2

PSICOLOGÍA DE ANUNCIOS DE FACEBOOK

La mentalidad del tráfico: una explicación de lo que diferencia el tráfico de Facebook de otras fuentes de tráfico y lo que puede esperar de tus nuevos lectores.

Temperatura del tráfico y por qué es importante: ¿Qué significa el tráfico frío? ¿Cómo los calientas y los conviertes en clientes que pagan?

Las etapas de un embudo: conciencia / compromiso / conversión: ¿Alguna vez te has preguntado cómo funcionan realmente los embudos? Te mostramos exactamente cómo utilizar embudos con tus anuncios de Facebook.

Ejemplo 2.- El siguiente conjunto de descripciones de Módulo/Capítulo/Sección corresponden a una carta de ventas donde se promueve un curso para desarrollar la memoria.

PARTE 1 - Bienvenido a los fundamentos

Comenzará su viaje entendiendo la verdadera definición de aprendizaje y memoria, y lo que se necesita para construir nuevas vías de aprendizaje.

Los puntos destacados incluyen:
Los 10 factores poco conocidos que influyen en cuán fuerte o débil es tu memoria
La manera fácil de memorizar cualquier fragmento de información y nunca olvidarlo.
La historia personal de Jim Kwik y lo que sus dificultades le enseñaron sobre el cerebro humano
Y mucho más

PARTE 2 - Estilo de vida

Aprenderás técnicas poderosas que te diferencian como un experto en memoria. Notarás cambios en tu forma de trabajar e interactuar con los demás.

Los puntos destacados incluyen:

Descubre los elementos fisiológicos de la memoria, incluidos los alimentos, el movimiento y el sueño.
Cómo eliminar el pensamiento negativo de tu mente
La sorprendente conexión entre el sueño, el estrés y la memoria.
Y mucho más

PARTE 3 - Recordando largas listas

Las listas largas pueden parecer imposibles de recordar, hasta que descubra el simple "truco" para memorizar cualquier lista, sin importar su extensión o contenido.

Los puntos destacados incluyen:

La estrategia de memoria más poderosa conocida por el hombre (y cómo aplicarla al instante)

El método 'Chain Linking' para absorber rápidamente grandes cantidades de información
Cómo la educación convencional está destruyendo nuestros recuerdos, y cómo liberarse del sabotaje de las "viejas" formas
Y mucho más.

Ejemplo 3.- El siguiente conjunto de descripciones de Módulo/Capítulo/Sección corresponden a una carta de ventas donde se promueve un curso sobre como escribir y publicar libros en Amazon.

MÓDULO 1
El proceso de escritura

¿Por qué deberías publicar tu libro electrónico en Amazon?
¿Deberías escribir el libro tú mismo o subcontratar?
Usa la lista de los más vendidos en Amazon para determinar en cual categoría debe estar tu libro.
Lo que debes saber sobre las clasificaciones de ventas y la competencia.
¿Qué debes hacer para comenzar el proceso de escritura?
Lo que debes tener en cuenta al escribir.
¿Cuáles son algunos consejos que puedo usar para mejorar mi escritura de ficción?
¿Cuáles son algunos consejos que puedo usar para mejorar mi escritura de no ficción?
¿Cómo puedes motivarte para terminar de escribir tu libro?
¿Dónde debería sentarme a escribir?

MÓDULO # 2
Subcontratación

Subcontratar tu libro.
Cualidades importantes que hacen que el trabajo de tu escritor sea excelente.
Cualidades personales importantes que tu escritor fantasma debería tener.

¿Qué preguntas debes hacerle a tu escritor fantasma antes y durante su proceso de escritura?
Consejos profesionales para obtener lo mejor de tu escritor externo.
Por qué deberías contratar a un editor.
¿Qué debe hacer si está editando para ti?
Consejos extra para el proceso de edición.

MÓDULO # 3
Investigación y preparación

Determina tu público objetivo.
Considera usar un seudónimo.
Por qué deberías considerar el anonimato al elegir un seudónimo.
¿Por qué es importante investigar para el contenido de tu libro electrónico?
¿Cómo debes investigar?
¿Qué fuentes debes utilizar para tu investigación?
¿Cuándo debes investigar para tu libro electrónico?
¿Por qué deberías revisar tu libro después de haber terminado de escribir?

Ejercicios:
Visita las siguientes cartas de ventas, visualízalas en español, estúdialas, analízalas e identifica en ellas las secciones de "Descripción de Módulo/Capítulo/Sección".
(Para ver traducidas a español las cartas de ventas en inglés ir a sección "Antes de Empezar")

https://laptopempires.com/fb-ads-for-bloggers/
https://ebenpagantraining.com/product/digital-product-blueprint/
https://ebenpagantraining.com/product/how-to-be-an-entrepreneur/
https://www.mindvalley.com/superbrain
https://www.mindvalley.com/money/special

26.- Que hace a mi Producto Diferente (USP)

Descripción:
En mercadotecnia existe un concepto fundamental conocido como "Propuesta Única de Venta" o "USP - Unique Selling Proposition" por sus siglas en inglés.

Una Propuesta Única de Venta, es lo que hace que tu producto o servicio sea mejor que la competencia. Es un beneficio específico que lo hace destacar en comparación con otros productos similares en su mercado.

En este bloque es donde das a conocer a tu prospecto tu Propuesta Única de Venta, en el describes las fortalezas que hacen que tu producto o servicio sea valioso para tus clientes y es donde estableces que lo hace diferente de los demás productos en torno a algún aspecto que le interese a tu público objetivo.

El buscar ser solamente "único" rara vez es un Propuesta Única de Venta fuerte en sí misma. Debes diferenciar a tu producto en torno a algún aspecto que le interese a tu público; de lo contrario, tu mensaje no será tan efectivo.

Secciones del Modelo AIDA en que se utiliza: **Deseo**

Ejemplos:
Ejemplo 1.- La siguiente Propuesta Única de Venta corresponde a una carta de ventas donde se promueve un curso de hipnosis encubierta.

¿Qué hace que mi libro sea diferente de los productos de PNL?

La mayoría de los productos que dicen que son "hipnosis encubierta" se refieren realmente a la hipnosis conversacional o PNL y requieren que balbucees sin cesar mientras se supone que alguien más debe estar en éxtasis.

No es real.

Eso no es la hipnosis encubierta.

Las técnicas de PNL y de hipnosis conversacional requieren que hable mucho para tener control. Pero con la hipnosis encubierta, ni siquiera tienes que hablar para tomar el control de las mentes de otras personas. Aquí aprenderás los principales impulsores del comportamiento humano y harás una o quizás dos preguntas. Una vez que hayas dominado la tecnología, es bastante simple.

Usando la hipnosis encubierta, podrás controlar casi cualquier escenario e influenciar sutilmente a otros en tu forma de pensar ... de forma rápida y, a veces, al instante.

Otros que vinieron y escribieron e intentaron enseñar Hipnosis encubierta, no saben cómo medir lo que funciona y lo que no funciona.

Realmente creen que lo que experimentan es lo que funcionará para todos. Esta es una receta para el fracaso. Las personas que practican PNL solo rara vez tienen éxito, porque el alcance es demasiado estrecho y la mayor parte del material no se ha probado.

Estoy seguro de que ya has experimentado esto también.

Así es.

Hice la investigación, apliqué las técnicas en ventas reales / experiencias de vida y las simplifiqué en conceptos fáciles de dominar. Todo lo que tienes que hacer es presionar los botones correctos y la gente hace lo que quieres.

Te doy cientos de preguntas que puedes hacer que despertarán un deseo o un impulso en otra persona. Nadie más hace esto. Y es mucho más importante que cualquiera de los "patrones de lenguaje hipnótico" porque las preguntas producen estados deseados en lugar de la resistencia de los patrones.

Ejemplo 2.- La siguiente Propuesta Única de Venta corresponde a una carta de ventas donde se promueve un curso de redacción publicitaria.

Esto es lo que hace este programa completamente único

No obtendrás este tipo de formación de redactor publicitario en ningún otro lugar, y aquí hay grandes razones por las cuales:

Se basa en mi exclusivo "Sistema de puntos de acuerdo" ... que desarrollé personalmente, después de estudiar los últimos descubrimientos científicos sobre lo que mueve a las personas a comprar.

La investigación en los últimos 5-10 años muestra que el orden en el que presenta la información a las personas y el contexto hace una GRAN diferencia en la forma en que responden.

Todos los libros de redacción "clásicos" se escribieron mucho antes de que se descubriera esta investigación, por lo que no aprovechan el nuevo conocimiento. Mi "Sistema de puntos de acuerdo" para redactores lo hace. ¡Se basa en lo que funciona AHORA, no en lo que funcionó en la década de 1970!

Tengo un enfoque único para la capacitación, al que llamo "Aprendizaje en capas".

Es el resultado de mis más de 7 años como entrenador de redacción, lo que también ha implicado una curva de aprendizaje para mí.

A veces, he tenido que explicar las cosas de manera un poco diferente, antes de que un estudiante diga "¡Ahh ... lo entiendo!". (Por cierto, esa es otra razón por la que necesitas entrenamiento personal. ¡Si no entiendes un punto, siempre puedes preguntar!)

Me ha llevado a encontrar nuevas y mejores formas de ayudar a los estudiantes a comprender conceptos y técnicas importantes de redacción.

Un método de mi enfoque de "Aprendizaje en capas" es presentarte sigilosamente una técnica por adelantado, antes de que yo "oficialmente" te la enseñe.

Un ejemplo simple sería: escribir titulares y subtítulos en los módulos, como si estuviera escribiendo una copia ... antes de enseñarle oficialmente "Cómo escribir grandes titulares".

Esto permite que la parte más profunda de tu cerebro entienda más fácilmente los conceptos involucrados, cuando te los presento formalmente.

En realidad, hago esto con mucha frecuencia ... para la mayoría de las técnicas y conceptos que te enseñaré, pero es posible que no te des cuenta la primera vez.

Además de ayudarte a aprender más rápido, también significa que aprenderás aún más cuando decidas volver a leer los módulos de capacitación.

Literalmente he pasado AÑOS perfeccionando este enfoque de "Aprendizaje en capas", que es otra razón por la cual este programa es único ... y como verás, vale la pena.

Logra varias cosas ...
Te mantiene motivado y ansioso por aprender más,

Te da una comprensión mucho más profunda de conceptos importantes,

Te enseña en múltiples niveles de tu cerebro.

Ejercicios:

Visita las siguientes cartas de ventas, visualízalas en español, estúdialas, analízalas e identifica en ellas las secciones de "Lo que dicen los Expertos. (Para ver traducidas a español las cartas de ventas en inglés ir a sección "Antes de Empezar")

http://www.ultimatecopywriting.com/index-cb.html
http://www.coverthypnosis.net/
https://www.braintraining4dogs.com/get-btfd/

27.- Beneficios Ocultos

Descripción:
Hasta este punto, nuestro prospecto ya conoce lo que en primera instancia puede hacer nuestro producto para ayudarle a resolver su problema, ya conoce los beneficios directos que puede obtener, ya conoce cómo funciona, incluso ya conoce que lo hace diferente de los demás productos en el mercado a través de nuestra Propuesta Única de Venta, pero existe todavía un recurso más que podemos utilizar a nuestro favor para incrementar su deseo de tener nuestro producto o servicio y es a través del uso de los Beneficios Ocultos.

En este bloque debemos centrarnos en los beneficios que probablemente no sean tan obvios, aquí haremos referencia a los beneficios en los que tu prospecto ni siquiera está pensando en este momento y que pueden ayudarlo a tomar la decisión de comprar.

Los Beneficios Ocultos son extensiones o el resultado de los beneficios obvios llevados al futuro o al extremo o a un nivel granular, pero a un nivel más emocional que práctico.

A menudo, los Beneficios Ocultos son los que realmente atraen más a nuestro prospecto y lo mueven a tomar la decisión de comprar.

Esta técnica también hace uso del concepto de causa-efecto que revisamos al inicio del libro, ya que, por cada beneficio, se menciona primero el beneficio directo como la causa e inmediatamente después se menciona el beneficio oculto como el efecto.

Secciones del Modelo AIDA en que se utiliza: **Deseo**

Ejemplos: El siguiente conjunto de Beneficios Ocultos corresponde a diferentes cartas de ventas.

*No solo ganarás más dinero, **(Beneficio Directo - causa)** y tendrás el control de tu futuro, considera cuánto dinero ahorrarás: nunca más comprarás otro traje y corbata nuevamente; dejarás de empacar almuerzos; dejarás de pagar por la gasolina mientras estás inactivo en el tráfico de pasajeros. **(Beneficio Oculto - efecto)***

***

*Claro, ganarás más dinero **(Beneficio Directo - causa)**, pero también tendrás más libertad para viajar **(Beneficio Oculto - efecto)**.*

***

*Claro, vas a perder peso **(Beneficio Directo - causa)**, pero también vivirás lo suficiente para disfrutar de tus nietos. **(Beneficio Oculto - efecto)**.*

***

*Además de que podrás trabajar desde casa **(Beneficio Directo - causa)**, ¿te das cuenta de que podrás tomar vacaciones cuando lo desees? **(Beneficio Oculto - efecto)**.*

Ejercicios:

Visita las siguientes cartas de ventas, visualízalas en español, estúdialas, analizas e identifica en ellas las secciones de "Beneficios Ocultos". (Para ver traducidas a español las cartas de ventas en inglés ir a sección "Antes de Empezar")

https://dotcomsecrets.com/get-dcs-free
https://expertsecrets.com/get-es-free
https://trafficsecrets.com/ts-free-book
https://copywritingsecrets.com/

28.- Escasez

Descripción:
Robert Cialdini en su libro – *"INFLUENCE The Psychology of Persuasion"* nos dice, *"La idea de la pérdida potencial juega un papel importante en la toma de decisiones humanas. De hecho, las personas parecen estar más motivadas por la idea de perder algo que por la idea de ganar algo de igual valor"*

Jack Brehm en su Teoría de Reactancia nos dice - *"Cuando la libre elección es limitada o amenazada, la necesidad de retener nuestras libertades nos hace desearlas significativamente más que antes (así como los bienes y servicios asociados con ellas). Entonces, cuando al aumentar la escasez, interfiere con nuestro acceso previo a algún elemento, reaccionaremos contra la interferencia queriendo e intentando poseer ese elemento más que antes."*

El objetivo de este bloque es incrementar en nuestro prospecto el deseo de poseer nuestro producto o servicio al generar un sentido de urgencia para tomar la decisión de compra al ver limitadas sus posibilidades de obtenerlo.

Dentro de las diferentes formas que existen para generar un sentido de escasez están las siguientes:

Precio: Al reducir el precio de nuestro producto o servicio por tiempo limitado. Nuestro prospecto puede adquirir nuestro producto o servicio cuando quiera, pero solo por un periodo de tiempo a un precio preferencial.

Disponibilidad: Al reducir la disponibilidad de nuestro producto en el tiempo. Por ejemplo, cuando un seminario se realiza solo una vez al año.

Existencia: Cuando un producto deja de estar disponible cuando se agotan las existencias. Por Ejemplo, un remate de ropa de temporada donde ya no volverá a estar disponible el año siguiente porque los estilos cambian constantemente.

Exclusividad: Cuando para poder tener acceso a algún producto o servicio es necesario pertenecer a un grupo, club o comunidad.

Secciones del Modelo AIDA en que se utiliza: **Deseo**

Ejemplos:
A continuación, se muestran varios ejemplos de sobre como generar un sentido de urgencia al incrementar la escasez de los productos o servicios de diferentes maneras.

Precio regular: $ 297.00
Hoy solo: 47 USD

***

¡En 20 días o menos! "Paquete - Precio especial"

técnicas de persuasión, persuasión instantánea, poder de persuasión, persuasión e influencia No $ 1,202.00

Aprovecha mi regalo especial: ¡un ENORME descuento del 95.25%!

¡Solo $ 57 hoy!

¡Advertencia! ¡Precio especial de fondo para hoy, 27 de junio de 2020! No te sorprendas si encuentras un precio más alto mañana.

Te arrepentirás durante mucho tiempo si pierdes esta oportunidad de oro.

***

¡DESCUENTO DE VENTA DE UN DÍA!
¡Actúa rápido! Esta oferta es por tiempo limitado ...

$ 19 de descuento en nuestro programa completo de cocina metabólica

Cupón agregado automáticamente
Cuando hagas clic en el botón COMENZAR A COCINAR AHORA

Precio regular $ 29
Tu precio: $ 10

***

Debes hacer clic en el botón "Comprar ahora" dentro de los próximos 15 minutos si deseas obtener la tarifa especial de solo $ 10, porque una vez que expira el temporizador, esta oferta desaparece ...

... Actúa AHORA y haz clic en el botón a continuación para obtener tu precio especial de solo $ 10.

***

Menudeo: $ 97
Precio de hoy: $ 37

Comienza tu negocio de carpintería hoy

(Me reservo el derecho de finalizar esta oferta después del 29 de junio de 2020 y aumentar el precio en consecuencia)

Ejercicios:
Visita las siguientes cartas de ventas, visualízalas en español, estúdialas, analízalas e identifica en ellas las secciones de Escasez. (Para ver

traducidas a español las cartas de ventas en inglés ir a sección "Antes de Empezar")

https://20daypersuasion.com/index.php
https://www.myshedplans.com/go/
https://theantianxietyplan.com/order/
https://www.recipesecrets.net/restaurantrecipes/
http://www.bellydancingcourse.com/go.htm
https://www.musicpromotionmachine.com/
https://www.guitarcontrol.net/cb/
https://froknowsphoto.com/dslr-video-guide/
https://offer.metaboliccooking.com/home31212303
https://www.truthaboutabs.com/fat-burning-kitchen.html
https://www.woodprofits.com/
https://fredsdiyplans.com/cb/
https://dotcomsecrets.com/get-dcs-free
https://expertsecrets.com/get-es-free
https://trafficsecrets.com/ts-free-book
https://copywritingsecrets.com/order-form-1860195732552197

29.- Tabla de Comparación de Características

Descripción:
Otra manera de crear confianza y deseo por nuestro producto o servicio es comparándolo con productos similares a través de una tabla de comparación de características, en esta tabla se enlistan todos los beneficios que ofrece nuestro producto o servicio, señalando cuales de ellos no son ofrecidos por los productos de la competencia.

La estrategia se basa en estudiar detalladamente a los productos similares y tratar de encontrar la mayor cantidad de beneficios que no ofrecen respecto a la lista de beneficios que nuestro producto si ofrece, es posible que los productos de la competencia ofrezcan algunos beneficios que el nuestro no ofrece, pero esos no deben aparecer en la lista.

Secciones del Modelo AIDA en que se utiliza: **Deseo**

Ejemplos:
Ejemplo 1.- La siguiente tabla de comparación corresponde a una carta de ventas que promueve un paquete de planos y videos para construir botes y lanchas.

"There's Literally Nothing Else Like These Boat Plans On The Market Today"

That's a statement I do not take lightly. I've been building boats for almost 31 years and *I haven't found anything like this* for *less than 10's of thousands of dollars.*

Let's compare MyBoatPlans to other alternative options:.

	MyBoatPlans.com	Other Websites	Books & Magazines
500+ Boat Plans	YES	NO	NO
Instant Access + DVDs	YES	NO	NO
40+ Videos - 10 Hours Total	YES	NO	NO
Bonus #1: 3D Boat Software	YES	NO	NO
Bonus #2: Boat Builders Guide	YES	NO	NO
Bonus #3: Boat Building Secrets	YES	NO	NO
Bonus #4: Safety & Regulations	YES	NO	NO
Private Q&A Forum	YES	NO	NO
One Time Fee - No Extra Charges	YES	NO	YES
HI Resolution Quality	YES	NO	YES
Instant Access 24/7	YES	YES	NO
Free Lifetime Membership Updates	YES	NO	NO
For Beginners & Advanced Builders	YES	YES	YES
Full Range Of Boat Projects	YES	NO	YES
Cost Effective	YES	YES	NO
Money Back Guarantee	YES	YES	NO

Ejemplo 2.- La siguiente tabla de comparación corresponde a una carta de ventas que promueve un paquete de ideas para diseñar jardines y exteriores.

" There's Nothing Else Like This Package On The Market Today... "

That's a statement I do not take lightly. But as I mentioned earlier, I've thoroughly researched the market and all competing products.

Truth is, I've been doing landscaping for almost 18 years, and I haven't found anything like this for less than 10's of thousands of dollars.

Here's the bottom line: If you are planning to start on your landscaping project, **this isn't something you SHOULD use, it's something that you would be insane not to.**

Take a look at this comparison chart...

	Ideas4Landscaping	Other Websites	Books & Magazines
7250+ Plans & Projects	✓	✗	✗
No Hidden Fees or Extra Charges	✓	✓	✗
Hi Resolution Quality	✓	✗	✗
Instant Access 24/7	✓	✓	✗
Free Lifetime Membership Area	✓	✗	✗
For Beginners & Advanced	✓	✗	✓
Full Range Of Themes	✓	✗	✗
Cost Effective	✓	✓	✗
Money Back Guarantee	✓	✓	✗

Ejemplo 2.- La siguiente tabla de comparación corresponde a una carta de ventas que promueve un paquete de audios para incrementar la capacidad cerebral.

Why Genius Brain Power is Better Than
Binaural Beat Programs

Genius Brain Power	Binaural Beat
✓ Works without headphones, except for a couple of tracks where ordinary headphones will suffice	✗ Requires headphones, often expensive, high-end units.
✓ One purchase gives you all that you need, and more	✗ Many products require purchase of multiple levels
✓ New additions to the package are made available to **all** customers for **life**	✗ Most companies charge for any product expansion
✓ Costs just $97 for 30+ tracks	✗ Multiple level programs can cost thousands of dollars over time
✓ Audible Isochronic beats **always stimulate the brain to entrain** to your desired frequency range	✗ Binaural beats lose effectiveness over time. (Admitted by some companies to justify purchase of many levels)
✓ Studies show Isochronics give **a strong auditory cortex response**, producing a significant electrical imprint on the brain	✗ Studies show the intensity of the "beat" binaurals produce is around 3 decibels, leaving only a minor electrical brain imprint
✓ MP3 download allows **instant access and easy portability** of every track on your MP3 player	✗ Most binaural beat packages still use CDs, which limits your ability to take your entrainment wherever you go
✓ Provides "full spectrum" entrainment at a variety of track lengths to fit your schedule	✗ Most binaural packages only have 3-4 different entrainment frequencies and no options for track length
✓ Background music options include **Relaxing Rainfall, Didgeridoo Trance**, and a variety of gorgeous **Classical music**	✗ Sometimes the background music is good, sometimes it isn't...

Ejercicios:

Visita las siguientes cartas de ventas, visualízalas en español, estúdialas, analízalas e identifica en ellas las "Tablas de Comparación". (Para ver traducidas a español las cartas de ventas en inglés ir a sección "Antes de Empezar")

https://www.geniusbrainpower.com/
http://www.ideas4landscaping.com/
https://www.myboatplans.com/

30.- Eliminación de Objeciones

Descripción:
Hemos llegado al punto donde nuestro prospecto conoce todos los detalles acerca de cómo es que nuestro producto o servicio le va a ayudar a resolver su problema, ha desarrollado gran interés y siente un fuerte deseo de comprarlo, pero es posible que nuestro producto o servicio tenga algunas desventajas o debilidades que pueden actuar en su contra a la hora de que nuestro prospecto decide si realiza la compra o no.

Eugene M. Schwartz en el que es quizás el más aclamado y reconocido libro sobre escritura publicitaria *"Breakthrough Advertising",* nos dice que existen en general tres tipos de problemas que puede tener nuestro producto o servicio y que pueden representar objeciones por parte de nuestro prospecto.

1.- Cuando nuestro producto o servicio es demasiado complicado, demasiado difícil de usar. La manera de eliminar esa barrera es simplificar su uso en la mente de su nuestro prospecto.

2.- Cuando nuestro producto o servicio no es lo suficientemente importante. La manera de eliminar este tipo de objeción es escalar el producto para darle más importancia a los ojos de nuestro prospecto, redefiniendo el papel que juega el producto en la vida de nuestro prospecto, ampliando el alcance de los beneficios que le ofrece y mostrándole beneficios ocultos adicionales que no sabía que existían.

3.- Cuando nuestro producto o servicio cuesta demasiado, su precio está muy por encima del precio de otros productos de su clase. La manera de eliminar este tipo de objeción es cambiar la comparación y relacionarla con algún otro estándar más costoso, la idea es hacerlo parecer lo más bajo posible comparando literalmente peras con manzanas, este efecto se logra al comparar el precio de nuestro producto o servicio contra el valor que representa realmente el beneficio que obtendrá al adquirirlo y que puede estar dado por ejemplo, en ahorro de dinero, más tiempo de uso, resultados más rápidos, etc., de esta manera le estamos dando a nuestro prospecto un marco de referencia que le ayudará a tomar la decisión de compra, eliminando en gran parte la resistencia natural a desembolsar su dinero.

Secciones del Modelo AIDA en que se utiliza: **Deseo, Acción**

Ejemplo 1.- La siguiente Eliminación de Objeciones corresponde a una carta de ventas donde se promueve un programa de ejercicios especialmente diseñados para mejorar la apariencia del rostro de manera natural.

> *¡Con Mi Sistema No Tienes Por qué Gastar Miles de Dólares en Costosas Cirugías!*
>
> *Y sin lugar a duda, los resultados son mejores que los de una cirugía, porque no es lo mismo tener un hermoso rostro natural, que un rostro con cicatrices o marcas. Toda mujer lo sabe, y también todo hombre.*
>
> *Tardé muchos años en descubrir esta técnica, invertir más de 20,000 dólares, y muchos meses lograr perfeccionarla. Pero todo valió la pena, porque los resultados que se consiguen son casi inmediatos, y mi rostro mejoro, sin esfuerzo, como por arte de magia.*
>
> *¡Debes verlo para poder creerlo!*

Ejemplo 2.- La siguiente Eliminación de Objeciones corresponde a una carta de ventas donde se promueve un paquete de planos y proyectos para construir muebles de madera.

> *¿Entonces, cuánto vale?*
>
> *Es ridículamente razonable.*

Especialmente teniendo en cuenta los miles de planes que obtendrás, y el recurso integral que este paquete completo te brinda, consejos específicos de construcción, instrucciones paso a paso y técnicas profesionales comprobadas.

Seamos realistas: un conjunto de diseños de armarios se vende por más de $ 500. Con nuestro paquete, obtienes 9,000 planos diferentes que puedes comenzar a construir de inmediato.

Obviamente, no usarás los 9,000 planos en tu vida. A ese precio, después de tu primer proyecto, los demás se pagan automáticamente y cada proyecto adicional es gratuito.

Entonces, el costo para los 9,000 planos profesionales completos …

… es solo ~~$328~~ ~~$197~~ $77 con ACCESO INSTANTÁNEO + una guía de bonificación gratis!

Por menos de 80 dólares puedes ahorrar una tonelada de dinero e incontables horas de frustración en tus proyectos.

Ejemplo 3.- La siguiente Eliminación de Objeciones corresponde a una carta de ventas donde se promueve un método natural para aliviar el dolor de las rodillas.

¿Cuánto valdría la pena estar libre de dolor de rodilla?

La mayoría de las personas que sufren de dolor de rodilla … no pueden poner un número sobre cuánto valdría la pena. Vivir sin dolor te cambia la vida.

Ahora, sabes que puedes continuar con el dolor, sin embargo, esta vida de sufrimiento y dolor no tiene que ser tu destino … especialmente con todo el alivio que puedo ofrecerte.
Escucha, déjame ser sincero … sí insistes en seguir viviendo con este tipo de dolor … esto es lo que tienes que esperar.

Baja energía, sentirte más viejo, caminar con dolor y tristemente ser dejado atrás por tus seres queridos y las personas a las que le importas.

Sin embargo, este no tiene que ser tu destino.

Ahora puedes vivir tu vida sin dolor. Cada día es mejor que el día anterior.

Caminar, verte y sentirte normal otra vez ... sentir que eres 20 años más joven.

Escucha, para una sesión de fisioterapia ... terminarías pagando al menos 100 dólares ... sin incluir tu tiempo y gasolina. Y, por supuesto, eso es solo para UNA sesión ...

La mayoría de las veces, el fisioterapeuta requiere varias sesiones ... ¡a veces incluso durante meses!

A $ 100 por visita ... podrías gastar cientos o incluso miles de dólares ...

Pero no quiero eso para ti ...

Así que aquí es donde quiero ayudarte.

Si te decides en este momento y eliges el camino que sabes que en el fondo es el correcto ...

La verdad es que, con todo el tiempo y años de investigación de los métodos más rápidos y efectivos para eliminar el dolor de rodilla ... este programa tiene $42,876.57 INVERTIDOS en él.

Si tuviera que fijar el precio de este programa al mismo costo que un terapeuta físico le cobraría por unas pocas sesiones ...

Probablemente debería cobrar al menos $ 497.00.

Sin embargo, no voy a cobrar ni cerca del valor de este programa ...

Y para hacerte un último favor ... Ni siquiera te voy a cobrar por cuánto te costaría una sesión de fisioterapia ... Sí, menos de $ 100 ... Porque estás en esta página hoy, te voy a dar ¡Un precio especial de venta del 90% de descuento!

Puede adquirir nuestro programa con sus 2 regalos GRATIS por un solo pago de $ 15.

Ejemplo 4.- La siguiente Eliminación de Objeciones corresponde a una carta de ventas donde se promueve un paquete de audios para incrementar las
capacidad cerebral.

El precio debería ser mucho más alto

Podría venderse fácilmente por $ 197, pero lo he establecido en $ 97 porque quiero que sea más económico. La mayoría de los productos de arrastre de ondas cerebrales son muy caros, y aunque $ 97 no es muy barato, es un precio excelente.

Incluso a $ 197, los 1370 minutos de audios de arrastre que recibirás con tu compra, equivalen a menos de .15 centavos por minuto, lo cual es una ganga asombrosa en comparación con los $ 1-3 por minuto que cuesta un producto promedio.

Ejemplo 5.- La siguiente Eliminación de Objeciones corresponde a una carta de ventas donde se promueve un sistema para generar ingresos.

Estoy seguro de que te gustaría saber el precio

Pero la verdad es...

No importa el precio que diga.

No es suficiente.

He visto a mis estudiantes ganar $ 1,447 al día después de que lo compraron ...

He visto a mis estudiantes ganar $ 6,418 a la semana después de que lo compraron ...

Así que creo que si te cobrara la cantidad del ingreso de una semana ...

Eso sería justo, ¿verdad?

$ 6,000.00

¿Qué te parece?

Podrías recuperar todo tu dinero en una semana y luego, a partir de ahí, es pura ganancia para ti.

Entonces, ¿por qué no cobrar seis mil dólares?

En primer lugar, porque no hay forma de que la mayoría de ustedes puedan permitirse eso ...

Estás aquí porque necesitas ayuda financiera ... y un precio como ese solo agregaría un nuevo dolor de cabeza financiero.

Así que me senté y pensé en lo que sería justo y apropiado ...

Pensé "¿y si cobrara solo el 10% de eso"?

¿Estarías emocionado si hiciera eso?

Deberías estarlo.

$ 600.00 es una oferta increíble para un sistema que tomó cientos de miles de dólares para crear.

Pero quería hacerlo aún más fácil.

Así que reduje ese precio a la mitad.

Bajándolo a solo $ 300.00

¿No sería esa la mejor oferta en línea?

Podría ser.

¿Bien adivina qué?

Durante las primeras semanas de nuestro lanzamiento (que finaliza en cualquier día) ...

Vamos a bajar el precio de ...

$ 300.00

a ...

$ 200.00

Y luego a ...

$ 100.00

y entonces...

hasta ...

$ 37!

Y ni un centavo más.

Ese es el precio de un tanque de gasolina a cambio de dinero instantáneo para comprar un tanque de gasolina tan grande como quieras ... cuando quieras ... por el resto de tu vida ...

Ejercicios:
Visita las siguientes cartas de ventas, visualízalas en español, estúdialas, analízalas e identifica en ellas las secciones de "Eliminación de Objeciones". (Para ver traducidas a español las cartas de ventas en inglés ir a sección "Antes de Empezar")

https://adiosdolordeespalda.com/
https://gimnasiafacial.net/
https://www.geniusbrainpower.com/
https://www.angularcheilitisfreeforever.com/
https://www.bowlegsnomore.com/
http://www.copypasteincome.com/
http://www.coverthypnosis.net/
http://www.skinwhiteningforever.com/
https://www.feelgoodknees.com/feel-good-knees-for-rapid-pain-reliefbauncd7h
http://www.furniturecraftplans.com/
http://kcf.clickfunnels.com/audiobook-profits-a

31.- Respuestas a Preguntas Frecuentes

Descripción:
Es común que nuestros prospectos tengan preguntas acerca de diferentes aspectos de nuestro producto o servicio, y suelen ser a menudo las mismas preguntas que se repiten una y otra vez.

El objetivo de este bloque es anticipar cualquier posibilidad por parte de nuestro prospecto de no adquirir nuestro producto o servicio al disipar todas las dudas que pudiera tener a través de una sección de "Respuestas a Preguntas Frecuentes" o FAQ's (Frequently Asked Questions, por sus siglas en inglés) que incluye una serie de preguntas que los clientes suelen hacer y sus correspondientes respuestas y que cubren una variedad de temas relevantes como por ejemplo, el uso de los productos o servicios, garantías, horarios, precios y más.

Secciones del Modelo AIDA en que se utiliza: **Deseo, Acción**

Ejemplos:
Ejemplo 1.- El siguiente conjunto de Respuestas a Preguntas Frecuentes corresponden a una carta de ventas donde se promueve un curso de redacción publicitaria.

Respuestas a Preguntas frecuentes

- "¿Cuánto dura este programa?"

El programa dura 12 meses, pero puedes cancelar tu membresía en cualquier momento.

Lo he diseñado para que puedas tener una comprensión sólida y profunda de lo que yo llamo las "Habilidades básicas", y mucha práctica, en unos 6-9 meses.

He reservado técnicas más "avanzadas" para después de los primeros 6 meses. En mi programa original de entrenamiento, solía enseñarles antes, pero la mayoría de los estudiantes no los aplicaban tan efectivamente como podían, porque también estaban ocupados aprendiendo y practicando las Habilidades Básicas.

Es por eso por lo que las ideas "avanzadas" ahora vienen más adelante. Domina las habilidades básicas primero, y luego estarás en una mejor posición para dominar las habilidades avanzadas.

- "¿Necesito alguna experiencia de redacción?"

No. El programa asume que no tienes experiencia previa en redacción de textos publicitarios. Todo lo que se requiere es la capacidad de escribir razonablemente bien y la determinación de tener éxito.

- "¿Cómo funciona el coaching?"

Cada módulo de entrenamiento viene con una "misión", una tarea que te permite practicar lo que has aprendido. Me envías la Misión a través del servicio de asistencia en el área de membresía, y mi objetivo es dar mi opinión de tu trabajo dentro de 2-3 días hábiles (es decir, de lunes a viernes).

Lo mismo es cierto cuando se trata de escribir cartas de ventas de práctica utilizando el servicio Critica Profunda. Generalmente, me envían los borradores a través del servicio de asistencia o, a veces, por correo electrónico. Mi objetivo es responder dentro de 2-4 días hábiles para las cartas de ventas de práctica, y dentro de 1-2 días hábiles si es una copia destinada a un cliente real.

- "¿Me ayudarás a conseguir clientes?"

Te mostraré qué hacer y qué decir, para conseguir clientes y negociar con ellos, y para encontrar clientes que paguen más. En el futuro, tengo la intención de incluir servicios que puedan ayudarte a obtener clientes directamente.

- "¿Cuánto dinero puedo ganar?"

La respuesta simple es: no lo sé. No hago NINGUNA declaración o promesa de ingresos, porque gran parte está en tus manos. Si no haces nada con lo que aprendes, ganarás CERO.

En el otro extremo del espectro, he conocido redactores que cobran $ 10k por una sola carta de ventas como la que acaban de leer, y que también obtienen una parte de las ventas finales, que puede ser bastante sustancial.

Estas cifras no son típicas. Puedo mostrarte sus secretos y cómo lo hicieron. Puedo darte el conocimiento, las herramientas y los comentarios, pero no puedo convertirte mágicamente en uno de ellos. Todo depende de lo que HAGAS con lo que aprendas.

Además, no hay una tabla de tarifas de redacción "estándar", porque lo que cobras depende de ti.

Ejemplo 2.- El siguiente conjunto de Respuestas a Preguntas Frecuentes corresponden a una carta de ventas donde se promueve un programa que utiliza alimentos para promover la salud y la belleza natural.

Así que aquí estoy para aclarar cualquier duda, y responder a las preguntas más comunes antes de que hagas hoy tu pedido...

"¿Él programa es una dieta?"

Muchas mujeres suponen que la palabra "alimento" siempre implica una dieta. Esto no es una dieta, más bien es una forma de usar alimentos comunes en combinaciones específicas que aplicas tópicamente a la piel.

Sí te doy consejos de nutrición saludable, sin embargo, amo demasiado la comida como para recomendarte un plan de dieta demasiado estricto. Además, la mayoría no son saludables, ¡y muchas dietas son tan bajas en grasa que en realidad aumentan las arrugas! Eso es lo último que queremos, ¿verdad?

"¿cuánto dinero puedo esperar ahorrar usando tu plan de belleza?"

¡Bastante! Algunas mujeres reportan ahorros de más de mil dólares al mes, mientras que otras dicen que han eliminado esta crema y este otro promotor de belleza y ahorraron $ 90 o más cada mes.

Una cosa es segura: a sólo $7.99, y usando alimentos de bajo costo y los nutrientes/hierbas de nuestras formulaciones, él programa es, por lejos, la solución de belleza más barata del mundo.

"¿qué pasa si no veo los resultados que todos los demás están viendo?"

Definitivamente, estarías entre la minoría... sin embargo, por ninguna cantidad de dinero vale la pena arriesgar tu satisfacción y tranquilidad mental. Por eso he incluido mi Garantía de Belleza de 60 días para asegurarme de que estés totalmente feliz, satisfecha y sorprendida por los resultados que verás. Si por cualquier motivo éste no es el caso, sólo mándame un correo usando la dirección de soporte dentro del Área de Miembros para un reembolso inmediato sin preguntas.

"¿puedo seguir usando mi crema/jabón/champú/tratamiento favorito con tu sistema?"

¡Por supuesto que sí! Sin embargo, es posible que te des cuenta de que ya no lo necesitas. Aun así, si te hace sentir mejor, entonces hazlo.

"¿en cuánto tiempo veré los resultados?"

Casi inmediatamente. Algunos de los protocolos (incluyendo mi famosa Alternativa al Botox de 50 centavos, que vale mucho más en ahorros que el costo de mi solución completa) toma sólo unos minutos, y dan resultados inmediatos.

Otras formulaciones requieren unos pocos minutos al día y de 10 a 14 días para ver los resultados.

Ejemplo 3.- El siguiente conjunto de Respuestas a Preguntas Frecuentes corresponden a una carta de ventas donde se promueve un paquete de planos de diferentes tipos de proyectos de carpinteria.

Es posible que aún tengas preguntas ...

Siempre es posible que aún tengas preguntas. Las preguntas más frecuentes que encuentro en mi buzón se responden a continuación.

¿Puedo encontrar fácilmente lo que necesito?

¡Si! Aunque estamos hablando de más de 5000 dibujos, podrá encontrar cualquier cosa que necesite con facilidad. Todos los dibujos están categorizados y se pueden encontrar en poco tiempo. Digamos que estás buscando una cocina al aire libre. Simplemente ve a "cocina al aire libre" y encontrarás todos los dibujos y proyectos relacionados con este tema.

¿Durante cuánto tiempo es válida esta oferta?

Mira la parte inferior de la página. Verás un reloj de cuenta regresiva. Hasta que llegue a 0, obtendrás el paquete con más de 5000 planos por 47 dólares + todos los bonos. Después de eso, el precio aumentará a $ 94 USD sin bonos. Y te lo perderás ...

Soy muy bueno en bricolaje. ¿Es esto algo para mí?

¡Si! Con más de 5000 planos, tendrás a tu disposición una fuente ilimitada de inspiración. Y ahorrarás toneladas de tiempo construyendo cosas simplemente porque no necesitarás buscar un dibujo apropiado. Y piensa en las listas de materiales ... ¡Esto te ahorrará mucho tiempo investigando cosas!

No soy particularmente útil. ¿Es esto algo para mí?

¡Si! Cualquiera que pueda ver un estante, puede trabajar con estos dibujos. Son una descripción paso a paso de cómo proceder.

¿Leer un dibujo lleva mucho tiempo?

No. Tal vez la primera vez que mires, pero dominarás el sistema rápidamente. Y una vez que lo hayas descubierto, ¡cada dibujo es pan comido!

Son muchos planos para una cantidad muy pequeña. ¿Es esto real?

Sí, lo es: solo 0.0047 dólares por plano. Pero tengo planes de cambiar eso. Estoy trabajando en una tienda web donde ofreceré mis planos de 17 a 67 dólares por pieza. Otra razón para que te unas ahora.

Ejercicios:
Visita las siguientes cartas de ventas, visualízalas en español, estúdialas, analízalas e identifica en ellas las secciones de "Lo que dicen los Expertos. (Para ver traducidas a español las cartas de ventas en inglés ir a sección "Antes de Empezar")

http://www.ultimatecopywriting.com/index-cb.html
http://copywriterscrucible.com/how-to-become-a-freelance-copywriter-with-no-experience/
http://www.alimentosparabelleza.com/
https://www.myshedplans.com/go/
https://fredsdiyplans.com/cb/
https://coaching.copychief.com/ev37827458

32.- ¿Esto es para mí?

Descripción:
Aunque el Bloque No. 1 "Pre-Encabezado", que suele ser el primer elemento dentro de una carta de ventas, está diseñado para precalificar a los prospectos que necesitan nuestro producto y que pudieran ser nuestros clientes potenciales, es muy probable que, en este punto, nuestro prospecto aún tenga dudas si nuestro producto o servicio es adecuado para él, por lo que en ocasiones es necesario establecer más detalladamente el perfil de cliente para el cual está dirigido.

Este bloque está diseñado para establecer claramente las características que debe cumplir un cliente para que nuestro producto o servicio le sea útil, es muy común que en esta sección se agregue también un apartado que diga "Para quien NO es" donde se establece un contraste al especificar las características de un cliente que no cumple el perfil adecuado para nuestro producto o servicio.

De esta manera nuestro prospecto podrá tomar la decisión más apropiada con toda confianza sabiendo si el producto cumple sus expectativas.

Secciones del Modelo AIDA en que se utiliza: **Deseo, Acción**

Ejemplos:
Ejemplo 1.- El siguiente bloque de "¿Esto es para mí?" corresponde a una carta de ventas donde se promueve un programa para iniciar un negocio rentable de carpintería.

Entonces, ¿para quién es esto?

Todavía estás aquí, así que eso me dice de inmediato que esto es perfecto para ti.

Pero seamos un poco más específicos: nuestro producto es ideal para usted si CUALQUIERA de las siguientes opciones se aplica:

Eres un carpintero de cualquier nivel de experiencia o habilidad, apasionado por el oficio. Esto no es solo para los trabajadores de la madera veteranos de 25 años como yo: no importa si acabas de crear tu primera pieza o si has estado creando piezas exclusivas durante décadas, encontrarás una gran sabiduría para llevar tu negocio al ¡siguiente nivel! (Ah, y no importa qué tipo de artículos te gusta crear, ya sea desde joyas de madera hasta muebles personalizados, ¡esta guía lo cubre todo!)

Estás buscando un ingreso a tiempo parcial o de jubilación. Algunos de los trabajadores de la madera más talentosos que he conocido se han quedado en quiebra y sin descubrir debido a la creencia arraigada de que carecen de las habilidades para administrar un negocio. Si ese eres tú, entonces estás de suerte: puedes APRENDER todo lo que necesitas saber (y también hacerlo bastante rápido). Es hora de llevar esa creencia al basurero donde pertenece.

Eres un "aficionado" y no tienes interés en construir un negocio en este momento. Me encuentro con MUCHOS trabajadores de la madera que adoptan un enfoque similar. Y en un momento u otro, casi TODOS terminaron recurriendo a sus habilidades para ganar dinero extra para vacaciones, ahorros o gastos de emergencia. ¡Es genial saber cómo activar ese flujo de caja siempre que lo necesite!

Ya te va bastante bien con tu negocio. Tal vez ha descubierto los conceptos básicos de fijación de precios y estás (generalmente) obteniendo ganancias. ¡Eso es genial! Ahora, vamos a sumergirnos en las estrategias avanzadas que lo ayudarán a optimizar tus ganancias ... ¡y aumentar tu volumen de ventas para que puedas mejorar tu estilo de vida!

Ejemplo 2.- El siguiente bloque de "¿Esto es para mí?" corresponde a una carta de ventas donde se promueve un método natural para aliviar el dolor de espalda.

Pero... ¿Este Sistema Funcionará Para Mí?

Rotundamente SI. Y esto es fácil de explicar, ya que todos los organismos humanos funcionan de la misma manera. Mi sistema ha sido efectivo en millas de pacientes por lo que no tienes nada de qué preocuparte.

Tu dolor de espalda baja literalmente se esfumará de la misma manera que ha sucedido con todas las personas que ya han utilizado mi método con éxito alrededor del mundo.

Puedo asegurarte que el sistema funciona para tí, sin importar tu edad o tu estado físico. Solo debes seguir unos sencillos pasos y dedicarle a Mi Guía unos pocos minutos al día. Tan simple como eso.

Soy una persona común y corriente, como tú. No he hecho grandes sacrificios para erradicar mis dolores ciáticos. Sólo aplique los conocimientos que adquirí en todos mis años de experiencia y eso ha hecho que el dolor de espalda haya dejado de ser un problema para mí.

Ejemplo 3.- El siguiente bloque de "¿Esto es para mí?" corresponde a una carta de ventas donde se promueve un método para aumentar la eficiencia en el trabajo y en la vida personal.

¿Es esto realmente para mí?

¿para quién es exactamente esto?

Es para:

- *Las personas que desean soluciones rápidas y fáciles que puedan implementar hoy para ser más productivos en el trabajo.*
- *Personas que han leído mucho material, pero aún están confundidas acerca de qué aplicar, cómo aplicarlo y dónde comenzar.*
- *Personas que han estado leyendo sobre productividad durante meses ... y aún no han visto ningún beneficio en sus vidas.*

¿Y para quién NO es?

- *Lectores asiáticos de eficiencia desde hace mucho tiempo. Ustedes pueden ir directamente al Plan de productividad.*
- *Personas que no luchan por organizarse o abrumarse en el trabajo.*
- *Personas que no quieren tener más tiempo durante el día.*
- *Personas que simplemente no se preocupan por su productividad. (Nota: esto es en realidad el 90% de la población, lo cual está bien. Simplemente significa que aquellos de nosotros que SOMOS productivos, lo tenemos MUCHO MÁS fácil*

Ejercicios:
Visita las siguientes cartas de ventas, visualízalas en español, estúdialas, analízalas e identifica en ellas las secciones de "¿Esto es para mí?. (Para ver traducidas a español las cartas de ventas en inglés ir a sección "Antes de Empezar")

https://www.woodprofits.com/
https://adiosdolordeespalda.com/
https://froknowsphoto.com/dslr-video-guide/
https://coaching.copychief.com/ev37827458
https://store.asianefficiency.com/primer/
https://landing.smartmarketer.com/pages/tmtp-digital
https://courses.smartpassiveincome.com/p/123-affiliate-marketing/
https://www.braintraining4dogs.com/get-btfd/

33.- Paquete de Bonos

Descripción:

En este momento nuestro prospecto ya conoce todos los detalles de nuestro producto o servicio, ya eliminamos las objeciones que pudiera tener y también sabe si cumple con sus expectativas, ahora es momento de sorprenderlo.

En este bloque le vamos a dar una serie de Bonos Adicionales que no esperaba, son regalos que están relacionados al producto original y que le agregan valor de diversas formas como pueden ser aumentar la velocidad o disminuir el esfuerzo para obtener resultados o incluso expandir el alcance de los resultados obtenidos.

Por ejemplo, si el producto original es una dieta para bajar de peso, un bono podría ser una hoja de trabajo para registrar los avances, otro bono sería una lista de alimentos recomendados en el mercado y otro sería una lista de los errores más comunes que se comenten al llevar la dieta.

Un error muy común en las cartas de ventas al agregar bonos a una producto o servicio es que estos no estén relacionados y no aporten un valor directo.

Secciones del Modelo AIDA en que se utiliza: **Deseo, Acción**

Ejemplo 1.- El siguiente paquete de bonos corresponde a una carta de ventas donde se promueve una guía para eliminar de manera natural el dolor de espalda.

¡Espera! ¡Aún Hay Más!

Ordena Hoy Mismo y Con La Descarga De Mi Guía

¡Recibirás Además 6 Bonos Totalmente Gratis!

BONO No. 1
"Logra El Abdomen Que Siempre Quiso"
Conoce todos los secretos para lograr los mejores abdominales de todos los tiempos, rápido, fácil y sin esforzarte de más.
En este libro encontrarás cómo lograrlo fácilmente y sin demasiado esfuerzo.
Una gran forma de fortalecer tu espalda.

BONO No. 2
"Cómo Comer, Una Cura Para Los Nervios"
El libro "Cómo Comer, Una Cura para Los Nervios", ofrece un remedio para detener el sufrimiento por "nervios", un remedio tan simple como comer.
Aprenda las ventajas de una vida simple al aire libre y cómo ejercitarte para superar tus problemas.

BONO No. 3
"Beneficios y Riesgos De La Medicina Alternativa"
Un libro corto pero contundente que destaca los respetados y efectivos remedios alternativos, y muchos más tips para la salud, para sentirte cada día mejor.

BONO No. 4
"Audio Subliminal Para Atraer Salud y Relajación"
Audio de programación subliminal que penetrará tu mente provocando cambios positivos en tu salud y en tu relajación mental, disminuyendo rápidamente el estrés, potenciando tu sistema inmunológico trayéndote felicidad, bienestar y amor a tu vida.

BONO No. 5
"Audio Subliminal Para Combatir el Insomnio y Descansar"
Un archivo MP3 de audio subliminal con frases y sugerencias poderosas que penetrarán intensamente en tu mente subconsciente, para poder combatir el insomnio, atraer el descanso profundo y cargarte de vitalidad y energía, para enfrentar cada día de tu vida.

BONO No. 6

Tarjeta de Membresía Con Actualizaciones Gratis Para Siempre
Recibirás gratis mi Tarjeta de Membresía con todas las Actualizaciones Gratis Para Siempre y comenzarás a integrar el selecto grupo de personas que ya utilizan mi libro y disfrutan de una vida libre de dolor de espalda y ciática.

¡Sí, has entendido bien! Además de mi libro y los anteriores bonos de regalo mencionados, recibirás gratis las actualizaciones que vaya haciéndole a mi programa sobre los avances que investigue o aprenda y que perfeccionen mi trabajo.

Para que te mantengas actualizado sobre las nuevas técnicas y descubrimientos relacionados con la cura del dolor de espalda.

Ejemplo 2.- El siguiente paquete de bonos corresponde a una carta de ventas que promueve un paquete de ideas para diseño de jardines y exteriores.

¡Pero se pone aún mejor! Para endulzar el trato, estoy lanzando 4 bonos de tiempo limitado.

Estos bonos tienen un valor de $ 741 y se incluyen GRATIS si haces tu pedido hoy.

"Reclama estos bonos exclusivos si haces tu pedido ahora ..."

Para propietarios que aprovechan esta oferta hoy ...

Bonificación por tiempo limitado # 1:
"120 videos premium de paisajismo" (valor de $ 450)
También recibirás un acceso de membresía de por vida a más de 120 videos premium de paisajismo sobre una amplia gama de temas, presentados por paisajistas veteranos. Viene con instrucciones de video paso a paso fáciles de seguir ... videos de diseño de paisajes

Obtén acceso instantáneo GRATUITO a un sitio exclusivo para miembros que cuenta con más de 120 tutoriales en video de paisajismo paso a paso.

Incluye pasos fáciles de seguir, adecuados tanto para principiantes como para profesionales. ¡Se agregan nuevos videos de manera consistente!

Estos videos premium de alta calidad valen un total de $ 450 si lo vendo por separado, ¡pero obtendrás acceso gratuito si haces tú pedido hoy!

Bonificación por tiempo limitado # 2:

"Guía revelada de los secretos del paisajismo" (Valor de $ 197)

Este libro es la biblia del paisajismo. Aquí es donde encontrarás prácticamente todos los secretos que los paisajistas profesionales usan para crear impresionantes vistas.

Crea jardines y paisajes económicos
Formas fáciles y accesibles para aumentar el valor de tu propiedad
Cómo crear un paisaje de bajo mantenimiento
Cómo crear hermosos patios
¿Qué tipos de paisajismo agregan más "atractivo exterior"?
Aumenta el atractivo exterior de tu propiedad
Cómo seleccionar el suelo y las plantas adecuados para tu jardín
Técnicas de control de malezas

Y muchas más ideas ...

Esta guía te ahorrará cientos de dólares en "consejos" que terminan sin ayudarte en absoluto. Esto es imprescindible para todos los aspirantes a paisajistas

Bonificación por tiempo limitado # 3:

"Ahorra en costos de energía - Guía de inicio ecológico" (Valor de $ 57)

¿Es tu hogar tan eficiente energéticamente como puede ser?

Muchas personas se sorprenderán al saber que pueden perder hasta un 25% o más de la energía en su hogar sin necesidad. Literalmente, podrías estar tirando tu dinero por el desagüe. Dentro de esta guía, descubrirás varias formas de ahorrar dinero al hacer que tu hogar sea más eficiente energéticamente.

Descubre formas simples que conducen al desperdicio de energía. y eventualmente dinero.
Descubre cómo ahorrar energía en casa
Ahorra dinero en facturas de agua y electricidad
Haz que tu hogar sea más ecológico
Mejora las condiciones de vida de tu familia

Y para colmo, voy a hacer algo que originalmente no planeé hacer en absoluto.

Cuando comencé a planificar esta guía, sabía que este bono sería invaluable para todos los propietarios de viviendas. ¡Quería vender el próximo bono individualmente por $ 37 pero para endulzar este trato, te lo voy a regalar!

Bonificación por tiempo limitado # 4:
"Cómo cultivar vegetales orgánicos" (valor de $ 37)

El manual para principiantes para crear y administrar tu propio huerto de alimentos orgánicos, incluso si no sabes nada sobre jardinería orgánica.

¿Por qué conformarte con un patio trasero "agradable" cuando también puede hacerlo "de buen gusto"? Aprende a plantar vegetales deliciosos y naturales que no solo te hacen saludables a ti y a tu familia, sino que también hacen que tu hogar se vea más orgánico y hermoso.

Disfruta de una mejor degustación de comida gourmet a diario.
Eleva tu nivel de energía
Baja tus facturas semanales de comida.

Elimine las enfermedades que generan los químicos que las grandes compañías rocían sobre los alimentos de tu familia.

Recuerda, estos son bonos de tiempo limitado que solo están disponibles para los siguientes 50 miembros (o antes del 3 de julio de 2020), así que ordena ahora antes de que se acabe.

Obtén todas estas BONIFICACIONES de paisajismo ahora >>

Ejemplo 3.- El siguiente paquete de bonos corresponde a una carta de ventas que promueve un sistema para cultivar vegetales utilizando la técnica de hidroponía.

¡Ahora para tu sorpresa!

"También obtendrás estos bonos increíbles (¡Valor total de $ 300!) ¡Absolutamente gratis!"

Jardinería Orgánica Para Principiantes
¡Con este libro completo, "Jardinería orgánica para principiantes", ¡puede aprender casi todo lo que necesitas saber para cultivar un huerto sin el uso de productos químicos u otras sustancias nocivas! ¡Aprende a cultivar un huerto orgánico de forma sencilla con este increíble libro! Hay muchas cosas que la jardinería orgánica puede brindarte.

Hierbas para la salud y el hogar
Si alguna vez quisiste volver a las "formas antiguas" de limpieza y prevención de problemas de plagas, pero no quieres sacrificar la eficiencia y la economía de los limpiadores químicos, este libro electrónico es para tí.

Una guía para la jardinería de flores
Sin las herramientas y la información adecuadas, podría llevarle años descubrir los secretos del éxito de la jardinería de flores. Todo lo que necesitas saber sobre jardinería de flores está incluido en este libro electrónico especial.

Gusano - La mejor composta del mundo

El Gusano de granja es limpio y ecológico. Y es tan fácil que cualquiera puede hacerlo. Es más, puedes ganar una cantidad considerable de dinero cultivando gusanos. ¡Solo con el desperdicio los gusanos te hacen la mejor composta que puedas desear!

Guía de cocina orgánica

Si tienes algún interés en la cocina orgánica ... si deseas comer de manera más saludable y hacer tu parte para ayudar al medio ambiente ... o si estás interesado en cultivar tus propios alimentos orgánicos ... entonces este libro fue escrito para ti.

Comiendo sano

Secretos para lucir más joven y sentirse fantástico. Aprende todo sobre la alimentación saludable.

Ejercicios:

Visita las siguientes cartas de ventas, visualízalas en español, estúdialas, analízalas e identifica en ellas las secciones de "Paquete de Bonos". (Para ver traducidas a español las cartas de ventas en inglés ir a sección "Antes de Empezar")

https://adiosdolordeespalda.com/
https://20daypersuasion.com/index.php
https://www.angularcheilitisfreeforever.com/
https://www.aquaponics4you.com/
http://www.coverthypnosis.net/
https://gimnasiafacial.net/
https://www.grayhairnomore.com/
http://www.ideas4landscaping.com/
http://www.my-grape-vine.com/
http://www.skinwhiteningforever.com/

34.- Garantía

Descripción:
En cualquier transacción comercial entre vendedor y comprador, siempre existe un riesgo. Generalmente, es una de las partes la que asume la carga de este riesgo y en la mayoría de los casos, es el comprador y no el vendedor. Para nuestro prospecto, el mayor riesgo que corre es creer en nuestra promesa. En esencia, les estamos pidiendo que tenga fe y crea que lo que le estamos diciendo es verdad. Que simplemente "crea en nuestra palabra" y que experimente los numerosos beneficios que le prometemos.

La función principal de este bloque es hacer que nuestro prospecto se sienta seguro de que obtendrá todo lo que se le prometió o le devolveremos su dinero.

La manera de hacerlo es a través de una garantía con la cual eliminamos el riesgo para nuestro prospecto y lo colocamos de nuestro lado, eliminando así parte de la fricción antes de realizar la venta.

También podemos dar a nuestra garantía un nombre único lo que puede hacerla aún más dramática y aumentar su impacto.

Estos son algunos ejemplos de nombres de garantías:

"Garantía de devolución del 100% del dinero"
"Mi garantía de "protección triple" de devolución del 100%"
"Garantía de devolución de su dinero, Sin preguntas, lo garantizo personalmente"
"No hay forma de que pueda perder"
"¡Mi garantía de 110%"
"Absolutamente ningún riesgo para usted! "
"¡Reembolso 100% sin complicaciones! "
"¡Mi promesa de garantía de 110%, sin complicaciones, sin preguntas"

Secciones del Modelo AIDA en que se utiliza: **Acción**

Ejemplo 1.- La siguiente garantía corresponde a una carta de ventas que promueve un software diseñado para administrar talleres Automotrices.

Garantía 100% libre de riesgo

Nos ocupamos de cuidar a nuestros clientes, queremos que siempre estén con nosotros, por eso nos esforzamos en crear un producto cada vez mejor, pero sabemos que ningún producto está hecho para cubrir todas las necesidades ni es para todos los tipos de clientes, así que si después de utilizar nuestro programa, te das cuenta que no es para ti, no hay problema, estás protegido.

Tienes 60 días completos a partir de la fecha de adquisición para utilizar el programa y probar toda su funcionalidad sin ningún riesgo, si no cumple tus expectativas, simplemente solicita un reembolso dentro de esos 60 días y te devolveremos el 100% de tu dinero, sin preguntas.

Ejemplo 2.- La siguiente garantía corresponde a una carta de ventas que promueve un libro con una metodología para conocer claramente que es lo que los clientes necesitan como producto antes de empezar a desarrollarlo.

Mi garantía "Mejor que la devolución de su dinero" ...

Porque estoy 100% seguro de que implementar mi método te ayudará a llevar tu negocio desde donde se encuentre en este momento, al siguiente nivel ...

Quiero tomar tan enserio tu decisión de reclamar tu copia GRATUITA en este momento tanto como sea posible.

Entonces, si por CUALQUIER razón no está satisfecho

Simplemente envíame un correo y te reembolsaremos cada centavo del pequeño costo de envío, y te dejaremos conservar tu copia del libro, sin hacer preguntas.

(Incluso seguiremos siendo amigos, lo prometo :-)

Pero, de nuevo, esta es una oferta por tiempo limitado, así que si deseas ver qué puede hacer mi método por ti...

Haz clic en el botón de abajo y comienza, ¡y nos vemos al otro lado!

Ryan :-)

Ejemplo 3.- La siguiente garantía corresponde a una carta de ventas que promueve un programa para aprender a cocinar alimentos que ayudan a quemar grasa rápidamente.

PRUEBA SIN RIESGOS POR 60 DÍAS COMPLETOS

¡Es por eso por lo que, si actúas hoy mismo, queremos hacerte esa decisión extremadamente fácil extendiéndote mi Garantía de devolución de dinero de 60 días, y sin preguntas!

Así es, te damos ocho semanas completas para evaluar el programa. Si en algún momento durante los próximos 60 días no está satisfecho con tu inversión, avísanos y te devolveremos tu dinero, todo.

Verás, podemos hacer una garantía exagerada como esta por una simple razón: lo hemos investigado, lo hemos probado y lo hemos perfeccionado. Sabemos que no te arrepentirás, punto.

Ejercicios:
Visita las siguientes cartas de ventas, visualízalas en español, estúdialas, analízalas e identifica en ellas las secciones de "Garantía". (Para ver

traducidas a español las cartas de ventas en inglés ir a sección "Antes de Empezar")

https://www.geniusbrainpower.com/
https://adiosdolordeespalda.com/
https://20daypersuasion.com/index.php
http://www.alimentosparabelleza.com/
https://www.angularcheilitisfreeforever.com/
https://www.aquaponics4you.com/
https://www.bowlegsnomore.com/
http://www.copypasteincome.com/
http://www.coverthypnosis.net/
https://gimnasiafacial.net/
https://www.grayhairnomore.com/
http://www.ideas4landscaping.com/
http://www.my-grape-vine.com/
http://www.skinwhiteningforever.com/

35.- Cierres

Descripción:

En este punto de nuestra carta de ventas, prácticamente ya le hemos mostrado a nuestro prospecto todas las bondades de nuestro producto o servicio, ya sabe si cumple con sus expectativas para solucionar su problema y ha resuelto todas sus dudas, sabe además que obtendrá un paquete de bonos adicionales que le ayudarán a obtener mejores resultados y sabe que cuenta con una garantía que lo protege.

Solo falta revelar el precio, pero antes de hacerlo, todavía podemos ayudarle a tomar la decisión de compra a través del uso de un elemento psicológico conocido como "Cierre", en donde en un pequeño párrafo, lo hacemos reflexionar una vez más sobre aspectos como eliminar el sufrimiento, el valor del tiempo y el dinero, las consecuencias de no tomar decisiones, entre otros.

Secciones del Modelo AIDA en que se utiliza: **Acción**

Existen varias formas de Cierres, a continuación, se muestran algunos de ellos a manera de plantillas que pueden ser tomadas de referencia o pueden ser adaptadas para cada producto o servicio:

"No más dolor": en este cierre le mostramos a nuestro prospecto que todo el dolor que desaparecerá instantáneamente después de que invierta.

> *"Una vez que hayas adquirido _____, puedes despedirte del estrés de _____. Nunca más tendrás que preocuparse por _____. ¿Te imaginas cómo será la vida cuando esas cosas hayan desaparecido instantáneamente de tu vida? ¿Qué harás con todo el _____ extra (tiempo, energía, dinero, etc.)?"*

"El Valor del Dinero y del Tiempo": El objetivo de este cierre es ayudarle a nuestro prospecto a darse cuenta de que, si bien el dinero se puede recuperar, el tiempo no, y si no tiene cuidado, el tiempo se acaba.

"¿Crees que está bien echar mano de tus ahorros o aprovechar tu crédito y gastar dinero que quizás no tengas para comenzar hoy?
Esta es una pregunta seria. ¿Crees que está bien o no?
Algunas personas dicen que sí y otras dicen que no. Hablemos de esto por un minuto. Todos los meses, el dinero se repone, ¿verdad? Pero esta es la clave: el tiempo NO se repone. Desaparece. Así que podrías salir y pasar meses o años de tu valioso tiempo para resolver algo, pero nunca recuperarás ese tiempo. En cambio, podrías ahorrar ese tiempo y esfuerzo, porque ya lo he gastado por ti. Para empezar, te costará dinero, pero ese dinero volverá, mientras que el tiempo que le quitas a tu familia aprendiendo a base de prueba y error es un tiempo que se ha ido para siempre."

"Elimina malos hábitos": El objetivo de este cierre es ayudar a nuestro prospecto a darse cuenta de que, si se va hoy sin tomar una decisión, nada en su vida cambiará.

"Los hábitos son realmente difíciles de cambiar. Podría dejar de insistir ahora mismo e irme a disfrutar el resto de la tarde. Ya tengo éxito con _____. Esto ya está funcionando para mí. Pero esto no se trata de mí. Esto se trata de ti. Si te vas ahora, podrías pensar que has aprendido muchas cosas interesantes, pero supongo que mañana por la mañana ya habrás vuelto a tus rutinas normales. ¿Correcto? Simplemente harías lo que siempre has hecho. Eso es lo que hace la mayoría de la gente. Pero como estoy aquí para ayudarte, no te dejaré volver a tus viejos hábitos. Me aseguraré de que tengas éxito rompiéndolos. Si deseas un cambio real y duradero, necesita tomar una decisión ahora mismo. Eso es lo que obtendrá cuando invierta hoy."

"Tú También Puedes": El objetivo de este cierre es ayudarlos a creer que realmente pueden hacerlo.

"Quiero que sepas algo sobre mí. No soy nadie especial. No tengo ningún talento sobrenatural ni nada. De hecho, realmente luché con

_____. Y eso es lo que me encanta de este sistema: ¡ya no tengo que preocuparme por eso! Y si yo pude hacerlo tú también puedes"

36.- Es momento de Decidir (Opciones)

Descripción:
En este punto de nuestra carta de ventas, nuestro prospecto está a un paso de conocer el precio de nuestro producto o servicio, es momento de que tome una decisión, comprar ahora mismo o abandonar nuestra carta de ventas para siempre.

Para ayudarle todavía un poco más a tomar la decisión correcta (comprar nuestro producto o servicio), en este bloque le hacemos saber que es momento de tomar una decisión, continuar como siempre o terminar de una vez por todas con su problema. La idea es, de una manera resumida, a través de opciones muy claras, nuevamente enfatizar tanto las consecuencias de no actuar como los beneficios de adquirir nuestro producto o servicio.

Secciones del Modelo AIDA en que se utiliza: **Acción**

Ejemplo 1.- El siguiente conjunto de Opciones corresponden a una carta de ventas donde se promueve… https://www.bowlegsnomore.com/

Ok, es hora de tomar decisiones …
Y tienes 3 opciones …

ELECCIÓN # 1 - Puedes continuar como estás, odiando tus piernas, avergonzado por ellas y escondiéndolas por el resto de tu vida.

Y seamos sinceros, ¿realmente quieres hacer eso? Después de todo, esta condición ha afectado tu confianza y autoestima durante la mayor parte de tu vida. Además, NO hacer nada al respecto podría provocar problemas articulares dolorosos como la artritis en la vejez.

¿Esto realmente vale el riesgo?

ELECCIÓN # 2 - Cirugía: puede optar por un procedimiento quirúrgico para solucionar el problema. Pero recuerda, al elegir esta opción, corres el riesgo de todo tipo de complicaciones, meses de rehabilitación y, al final, ¡no hay absolutamente ninguna garantía de que incluso puedan enderezar tus piernas!

Y, lo que, es más, ¡necesitarás de $ 10,000 a $ 30,000 solo para pagarlo!

ELECCIÓN # 3: O puede tomar la Opción segura. La única opción.

Invertir en nuestro método, el remedio permanente para las piernas arqueadas y las rodillas juntas, sin cirugía.

Ejemplo 2.- El siguiente conjunto de Opciones corresponden a una carta de ventas donde se promueve un paquete de planos para construir botes y barcos de madera.

Ahora es tiempo de decisión. . .

Elije ... puedes continuar comprando botes caros o seguir intentando de la forma en que lo ha estado haciendo, prepárate y espera lo mejor.

O puedes unirte a más de 7500 (y contando) aficionados, principiantes, artesanos y profesionales al permitir que te brinde los planos y las instrucciones paso a paso para crear embarcaciones impresionantes y profesionales, sin esfuerzo y a tiempo ...

Ejemplo 3.- El siguiente conjunto de Opciones corresponden a una carta de ventas donde se promueve un programa de entrenamiento para perros.

Tienes que tomar una decisión importante aquí

Opción 1 *Por supuesto, puedes no hacer nada aquí. Cierra esta página y continúa. Pero recuerda que, si no haces nada, nada cambiará. Continuarás como antes.*

Y supongo que, si lees hasta aquí, tu experiencia con tu perro o algún comportamiento que él / ella exhibe no es lo que quieres.

Incluso puede estar causándole mucho estrés y preocupación en su vida, o haciéndole considerar renunciar a la propiedad de su amado perro.

Entonces, si estás luchando en este momento, continuarás luchando. De hecho, las cosas probablemente se pondrán más difíciles, a medida que los malos comportamientos se arraiguen cada vez más con el tiempo a través de un proceso conocido como "refuerzo".

Cuanto antes actúes. Cuanto mejor sea el resultado para usted y su perro.

Opción 2 *Aquí es salir y resolver todo esto por ti mismo. Pero ya sabes que me costó miles de dólares y miles de horas reunir esta información. Supongo que no tienes el tiempo y el dinero para pasar a convertirte en un entrenador de perros profesional.*

Opción 3 *Simplemente presiona el botón de acceso instantáneo ahora y obtén acceso a mi programa de entrenamiento de inmediato. Esto es 100% libre de riesgo. Si no te gusta o cambias de opinión ... te devolvemos tu dinero. Simplemente mira los videos y sigue las instrucciones paso a paso. No podría ser más fácil.*

Ejercicios:
Visita las siguientes cartas de ventas, visualízalas en español, estúdialas, analízalas e identifica en ellas las secciones de "Opciones". (Para ver traducidas a español las cartas de ventas en inglés ir a sección "Antes de Empezar")

https://www.bowlegsnomore.com/

http://www.my-grape-vine.com/
https://ultimatesmallshop.com/go
https://coaching.copychief.com/ev37827458
https://www.myboatplans.com/
https://mypeakbiome.com/w/prebio-lp
https://www.braintraining4dogs.com/get-btfd/

37.- Llamada a la Acción

Descripción:

Ha llegado el momento en nuestra carta de ventas, donde le revelamos a nuestro prospecto el precio de nuestro producto o servicio, le pedimos que lo adquiera y le decimos cómo hacerlo. Básicamente, le decimos "Está bien, estos son los detalles de lo que te estoy vendiendo, haz clic en este botón ahora". "Solicita tu copia ahora". "Descarga este producto de inmediato". "Obtén acceso instantáneo", básicamente le estás diciendo "Ya te he explicado todas las razones por las que ahora debes comprar nuestro producto o servicio, ahora es el momento para que lo compres.".

En este punto, a menudo algunas de las cartas de ventas se vuelven tímidas y no tan agresivas como deberían ser al pedir la venta.

El Llamado a la Acción es una orden. debemos ser específicos y decirle exactamente qué hacer. Debemos hacerlo claro y directo, nuestro prospecto no debería tener que averiguar qué queremos que haga. Debemos pedirle que haga una sola cosa, que compre nuestro producto o servicio.

Secciones del Modelo AIDA en que se utiliza: **Acción**

Ejemplos:

El siguiente conjunto de Llamadas a la Acción corresponden a diferentes cartas de ventas donde se promueven diversos artículos.

Así que haz clic en el botón de abajo ahora para obtener Ultimate Small Shop a este precio muy especial y por tiempo limitado de solo $ 39
Ultimate Small Shop: configura tu taller de carpintería con un presupuesto
¡Tu pago está asegurado y garantizado!
Añadir al carrito

Configura tu tienda hoy

***

¡Asegura tu descuento y comienza tu negocio de carpintería en casa hoy!
Wood Profits Guía completa
Menudeo: $ 97
Precio de hoy: $ 37
AÑADIR AL CARRITO
Comienza tu negocio de carpintería hoy

(Me reservo el derecho de finalizar esta oferta después del 3 de julio de 2020 y aumentar el precio en consecuencia)
No dejes pasar esta oportunidad ...

***

Cómo empezar...
Tu copia es GRATIS.
Simplemente te pido que ayudes a cubrir los costos del envío de solo $ 7.95
Tu copia se enviará dentro de 24 horas. ¡Simplemente haz clic en el botón a continuación e ingresa tu información y te enviaremos tu copia GRATUITA a tu puerta lo antes posible!

¡Envíeme mi copia GRATUITA AHORA!

HAZ CLIC AQUÍ para reclamar tu copia gratuita, solo paga el envío

***

Ejercicios:

Visita las siguientes cartas de ventas, visualízalas en español, estúdialas, analízalas e identifica en ellas las secciones de "Llamada a la Acción". (Para ver traducidas a español las cartas de ventas en inglés ir a sección "Antes de Empezar")

https://adiosdolordeespalda.com/
https://20daypersuasion.com/index.php
http://www.alimentosparabelleza.com/
https://www.angularcheilitisfreeforever.com/
https://www.aquaponics4you.com/
https://www.bowlegsnomore.com/
http://www.copypasteincome.com/
http://www.coverthypnosis.net/
https://gimnasiafacial.net/
https://www.grayhairnomore.com/
http://www.ideas4landscaping.com/
http://www.my-grape-vine.com/

38.- Resumen De Oferta/Llamada a la Acción

Descripción:

Una variante de bloque anterior titulado "Llamada a la Acción", es conocido como "Resumen de Oferta/Llamada a la Acción", en este bloque hacemos un recuento de los beneficios más importantes de la oferta, le recordamos que su inversión está completamente protegida por una garantía, así como de las consecuencias de no adquirir nuestro producto o servicio, y finalmente la Llamada a la Acción, pero es muy importante hacer notar que la redacción de este bloque no es como el resto de la carta de ventas, donde nuestra voz es la que se dirige hacia nuestro prospecto, sino que lo redactamos como si el propio prospecto estuviera diciendo esas palabras.

De esta forma logramos que se visualice una vez más disfrutando de los beneficios que le proporciona nuestro producto o servicio y que afiance en su mente su decisión de comprar al escucharse a sí mismo aceptando nuestra oferta.

El objetivo de este bloque es que el prospecto finalmente realice la acción de compra.

Secciones del Modelo AIDA en que se utiliza: **Acción**

Ejemplo 1.- La siguiente sección de "Resumen De Oferta/Llamada la Acción" corresponde a una carta de ventas donde se promueve un programa de ejercicios faciales para eliminar las arrugas y adquirir una apariencia más joven.

¡Si! ¡Quiero Eliminar Mis Arrugas Ahora Mismo!

Teniendo acceso instantáneo a:

El libro electrónico con el cual conoceré y podré poner rápidamente en práctica el Revolucionario Sistema para eliminar las arrugas y mejorar tanto mi salud como mi estilo de vida.

La Tarjeta de Cliente con Actualizaciones Gratis Para Siempre. Recibiré todas las actualizaciones, con los nuevos avances y descubrimientos para estar actualizado sobre las nuevas técnicas naturales para eliminar las arrugas.

8 Bonus de Regalo relacionados con el bienestar integral que complementarán mi información y me ayudarán en el proceso de vivir una vida saludable.

Garantía de Satisfacción 100% Libre de Riesgos. No tengo nada que perder ya que si no estoy conforme con la guía o pienso que no es para mí, estaré cubierto por la Garantía Total de Satisfacción y me devolverán lo que invertí sin hacerme preguntas.

El Programa está especialmente diseñado con un lenguaje fácil de comprender con sencillas y detalladas instrucciones "Paso a Paso".

Ejemplo 2.- La siguiente sección de "Resumen De Oferta/Llamada a la Acción" corresponde a una carta de ventas donde se promueve un paquete de planos para construir embarcaciones de madera.

¡SI! Estoy listo para hacer mi pedido
Para toda la colección de 518 planes de embarcaciones y bonificaciones adicionales.

Estoy listo para hacer esta inversión, y sé que es la mejor inversión que puedo hacer ... especialmente porque no tengo absolutamente nada que perder con su garantía de satisfacción del 100%.

Al tomar medidas hoy, entiendo que:

Me otorgarás acceso instantáneo. Una vez que mi inscripción se procese con éxito, me darás acceso inmediato a TODOS tus planes de embarcación, incluidos todos los tutoriales, recursos, videos, libros y bonos   adicionales.

Puedo tener el paquete en una edición física (todos los 518 planes de barcos, guías, videos y bonos) + DVD, esto me ahorrará mucho tiempo y dolores de cabeza.

Al tomar medidas rápidas hoy, solo pago una inversión baja de solo $ 47.00. NO hay cuotas mensuales o recurrentes, por lo que no tengo que preocuparme de que mi membresía se agote.

Además, entiendo que perderé este precio de venta si no hago el pedido antes del 4 de julio de 2020.

Además, entiendo que, además de todos estos increíbles beneficios, estoy respaldado por su "Mejor garantía de devolución de dinero sin riesgo al 100%"

Precio de venta $ 147 VENTA Solo $ 47.00

Actualizaciones gratuitas + SIN pagos mensuales o tarifas ocultas.
>> Haga clic aquí para ordenar ahora <<
(Me reservo el derecho de finalizar este descuento después del 4 de julio de 2020)

Ejemplo 3.- La siguiente sección de "Resumen De Oferta/Llamada a la Acción" corresponde a una carta de ventas donde se promueve un paquete de audios que promueven la actividad del cerebro.

¡Si! Quiero desbloquear todo el potencial de mi cerebro con estos fantásticos audios de entretenimiento

Quiero aprovechar el increíble poder del arrastre de ondas cerebrales. Quiero más motivación, energía, concentración, creativity y mucho más, simplemente escuchando sus poderosas grabaciones de audio.

Sé que no tengo que esperar días para recibir mis audios por correo postal, pero puedo descargar todos los audios al instante para escucharlos en cualquier PC, Mac, reproductor de mp3 o iPod.

Me doy cuenta de que el precio de solo $ 97 es una gran oferta para un paquete de entrenamiento de ondas cerebrales de esta magnitud.

Entiendo que tengo una garantía de devolución de dinero de 180 días para utilizar estos audios en todo su potencial. Y, si no estoy satisfecho de ninguna manera, recibiré un reembolso completo y cortés de mi precio de compra.

Ejercicios:
Visita las siguientes cartas de ventas, visualízalas en español, estúdialas, analízalas e identifica en ellas las secciones de "Resumen De Oferta/Llamada a la Acción". (Para ver traducidas a español las cartas de ventas en inglés ir a sección "Antes de Empezar")

https://www.geniusbrainpower.com/
https://gimnasiafacial.net/
http://www.ideas4landscaping.com/
https://www.myboatplans.com/?
http://www.bellydancingcourse.com/go.htm

39.- Firma de Creador de Producto/Servicio

Descripción:

Ya hemos mostrado a nuestro prospecto toda la información necesaria y hemos hecho todo nuestro mejor esfuerzo en lograr la venta mediante todos mecanismos utilizados en los bloques anteriores, y como se trata de una carta (de ventas), es momento de firmarla para avalar toda la información que ha sido presentada en ella.

Este bloque es muy sencillo y su propósito es cerrar la carta de ventas generando confianza al mostrar que hay una persona detrás del producto o servicio ofrecido, generalmente una firma puede constar de la siguiente información referente al creador de dicho producto o servicio:

1. Frase de Despedida
2. Fotografía
3. Nombre
4. Profesión o Especialidad
5. Frase que indique "Creador de Producto/Servicio"
6. Logotipos que avalen su experiencia

Secciones del Modelo AIDA en que se utiliza: **Acción**

Ejemplos:

Las siguientes firmas corresponden a varias cartas de ventas donde se promueven diversos productos o servicios.

Ejemplo No. 1:

Estoy aquí para ayudarte a ser feliz!

Mariana Azcuénaga

Especialista en dermatología y nutrición.
Autora de "Gimnasia Facial™"

Ejemplo No. 2:

Por Su Felicidad,

Ulises Rossi

Profesional de la Salud

Ejemplo No. 3:

Por Tu Felicidad,

Estefanía Garret

De Estefanía Garret
Especialista en flebología. Autora de "Várices Nunca Más™"

Ejemplo No. 4:

John Fay

John Fay
Certified Organic Farmer, Aquaponics Expert
And Creator of Aquaponics 4 You™

Ejercicios:
Visita las siguientes cartas de ventas, visualízalas en español, estúdialas, analízalas e identifica en ellas las secciones de "Firma de Creador de Producto o Servicio". (Para ver traducidas a español las cartas de ventas en inglés ir a sección "Antes de Empezar")

https://www.geniusbrainpower.com/
https://adiosdolordeespalda.com/
https://20daypersuasion.com/index.php
http://www.alimentosparabelleza.com/
https://www.angularcheilitisfreeforever.com/
https://www.aquaponics4you.com/
https://www.bowlegsnomore.com/
http://www.copypasteincome.com/
http://www.coverthypnosis.net/
https://gimnasiafacial.net/
https://www.grayhairnomore.com/
http://www.ideas4landscaping.com/
http://www.my-grape-vine.com/
http://www.skinwhiteningforever.com/

40.- Conjunto de PD's (Postdata)

Descripción:
Nuestro prospecto a veces solo echa un vistazo, leyendo solamente lo que le parece importante, se desplaza a través de la carta de ventas y solo escanea su contenido. Comienza en la parte superior y se desplaza hasta la parte inferior porque quiere saber qué es lo que se vende y cuánto cuesta y eso generalmente se encuentra en la parte inferior de la página.

La sección de PD (Postdata) o PS (PostScript) por sus siglas en inglés, es un texto, generalmente breve, que se añade al final de una carta de ventas después de terminada y firmada.

Desde el punto de vista de copywriting la sección de PD o PS es una sección que nos permite continuar con nuestro esfuerzo de lograr la venta, si le damos suficiente información, formateada correctamente al final de nuestra carta de ventas, podemos presentar nuestra propuesta en solo unas cuantas líneas.

Este es el bloque donde hacemos un resumen del beneficio principal que ofrece nuestro producto o servicio, le hacemos un recordatorio de escasez, de que hay una garantía que lo respalda, y además le damos un enlace para poder comprarlo.

En la práctica, muchas de las cartas de ventas utilizan más de un PS o PD, aprovechando cada uno para reforzar los puntos mencionados anteriormente.

Secciones del Modelo AIDA en que se utiliza: **Acción**

Ejemplo 1.- El siguiente conjunto Postdata's corresponden a una carta de ventas donde se promueve un programa para iniciar un negocio rentable de carpintería.

P.S Imagina lo que será posible cuando puedas comenzar tu propio negocio de carpintería en el hogar y comenzar a obtener ingresos en 30 días o menos. ¡Tu éxito será solo el punto de partida para algo que cambie tu vida!

P.P.S. Recuerda que puedes comenzar con una inversión BAJA de solo $ 37 y tienes 60 días completos para ver el producto SIN RIESGOS. Estás completamente cubierto por mi garantía de devolución del 100% del dinero. Entonces no tienes nada que perder y mucho que ganar ...

P.P.P.S. Planeo aumentar el precio en breve. Los espacios de entrenamiento uno a uno está cerca de estar llenos y quiero limitar esto a un cierto número. Si te tomas esto en serio, debes hacer un pedido hoy para aprovechar este descuento ...

Ejemplo 2.- El siguiente conjunto Postdata's corresponden a una carta de ventas donde se promueve un método para aliviar de manera natural el dolor de espalda.

P.D.: Te recomiendo descargar tu copia lo antes posible, los pedidos se están haciendo rápidamente. En este momento hay sólo pocas copias.

PDD: Recuerda que con mi guía erradicarás de por vida esos dolores punzantes que hoy experimentas, con un método natural, económico y probado científicamente.

PDDD: Ten en cuenta además que el precio promocional tiene vencimiento y en pocos días, me veré obligado a elevarlo.

PDDDD: No olvides que tu compra cuenta con una garantía del 100%. En realidad, no arriesgas absolutamente nada.

Ejemplo 3.- El siguiente conjunto Postdata's corresponden a una carta de ventas donde se promueve un libro electrónico con un método natural para recuperar la belleza del rostro y del cutis.

PD.: Te recomiendo descargar tu copia lo antes posible, los pedidos se están haciendo rápidamente. En este momento quedan 18 copias disponibles. Y por las presiones de las grandes empresas de belleza, no sabemos cuánto tiempo podremos mantener este sitio abierto.

PD2: Recuerda que con mi sistema puedes recuperar la belleza de tu rostro, tu cutis y tu cuello, en solo 30 días (o menos), con un método simple, natural y sin la presencia de peligrosos químicos.

PD3: Ten en cuenta que el precio promocional tiene vencimiento, y en pocos días me veré obligado a elevarlo.

PD4: No olvides que tu compra cuenta con una garantía de devolución del 100% del dinero invertido por 60 días. ¡Con tu compra no arriesgas absolutamente nada! No te haremos ninguna pregunta, y además como un agradecimiento personal por intentarlo, podrás mantener en tu poder todos los bonus.

Ejercicios:
Visita las siguientes cartas de ventas, visualízalas en español, estúdialas, analízalas e identifica en ellas las secciones de "PD's (Postdata)". (Para ver traducidas a español las cartas de ventas en inglés ir a sección "Antes de Empezar")

https://www.woodprofits.com/
https://www.geniusbrainpower.com/
https://adiosdolordeespalda.com/
http://www.alimentosparabelleza.com/
https://www.angularcheilitisfreeforever.com/
https://www.aquaponics4you.com/
https://www.bowlegsnomore.com/
http://www.copypasteincome.com/

http://www.coverthypnosis.net/
https://gimnasiafacial.net/
https://www.grayhairnomore.com/
http://www.ideas4landscaping.com/
http://www.my-grape-vine.com/

Ahora es tu turno

Las estrategias que se enseñan en este libro son fáciles de seguir. Una vez que las aprendas, solo repite el procedimiento. Sigue el marco de referencia que te di, si funciona para mí, también funciona para ti.

Cuando te conviertas en un copywriter más experimentado, encontrarás tus propias estrategias y tácticas que funcionen mejor para ti. Pero por ahora, comienza con este método. Sin embargo, las ideas presentadas en este libro te ayudarán sólo si las pones en práctica. No seas quien lee este libro solo para entretenerse. Practica todo lo que aprendiste y logra el éxito escribiendo cartas de ventas; Espero que mi libro te ayude a tener éxito. Si algún día puedes atribuir incluso un pequeño porcentaje de tu éxito a lo que te he enseñado, yo también habré tenido éxito.

Si mi libro te dio algunas ideas valiosas, deja una calificación en Amazon. Tu calificación es muy importante porque ayudará a otros lectores a decidir si este libro también podría ser útil para ellos. No tiene que ser un párrafo largo. Sólo una línea o dos significarían mucho para mí.

Apéndice A
Plantillas para crear Encabezados

A continuación, encontrarás una recopilación de 50 plantillas de los encabezados más populares que han sido probados exhaustivamente y utilizados con gran éxito durante muchos años por los copywriters profesionales y que puedes utilizar inmediatamente para redactar el encabezado de tu carta de ventas.

Tipo: Como hacer para
Cómo [Lograr un resultado deseado]
Ejemplo: Cómo correr más rápido

Tipo: La lista definitiva
[Gran número] de formas de [Lograr un resultado]
Ejemplo: 28 ideas para actualizaciones de contenido para hacer crecer tu lista de correo electrónico

Tipo: La guía definitiva
La guía definitiva para [Lograr un resultado deseado]
Ejemplo: La guía definitiva para comer sano con un bajo presupuesto

Tipo: Atemorizante
¡Advertencia! ¿Eres/estás [algo indeseable]?
Ejemplo: ¡Advertencia! ¿Estás comiendo esta comida que podría matarte?

Tipo: Grito de Protesta
Detengámonos [Un llamado a las armas]
Ejemplo: ¡Dejemos de comer esta comida venenosa!

Tipo: Métodos Probados

[Número] [Acciones / Formas] Probadas para [Alcanzar el resultado deseado]

Ejemplo: 18 técnicas probadas para desarrollar más músculo en menos tiempo

Tipo: Los errores

[Número] Errores que comete la mayoría de las personas cuando/con/al [Acción común]

Ejemplo: 11 errores que comete la mayoría de las personas al lavarse el cabello

Tipo: Los secretos

[Número] Secretos para [Alcanzar el resultado deseado]

Ejemplo: 7 secretos para convertirse en un nómada digital

Tipo: Reclamo indignante

Por qué [Reclamo escandaloso / controvertido]

Ejemplo: ¿Por qué los canadienses son realmente malvados?

Lecciones aprendidas

[Número] Lecciones que aprendí cuando / de [Experiencia]

Ejemplo:7 lecciones que aprendí duplicando el tráfico del blog de Sumo

Tipo: Prueba Social

El [Objeto] que [Prueba social] para [Resultado deseado]

Ejemplo: La herramienta que más de 283,000 sitios web usan para aumentar su tráfico

Tipo: Testimonio

Cómo [compañía/Persona] obtuvo [Resultado] en [Marco de tiempo]

Ejemplo: Cómo BlendJet ganó $ 163,633.50 en 30 días

Tipo: Evitar Objeción

[No], [Objeción] para [Alcanzar el resultado deseado]

Ejemplo: No, no tienes que contar calorías para perder peso

Tipo: Pregunta

¿Sigues/Aún [pregunta provocativa]?

Ejemplo: ¿Sigues comiendo lácteos?

Tipo: Que Sucedió
[Persona] hizo [Acción inusual] [Marco de tiempo]. Esto es lo que sucedió
Ejemplo: Hice yoga todos los días durante 6 meses. Esto es lo que sucedió

Tipo: Acción-Consecuencia
Cómo [una acción aparentemente intrascendente] puede conducir a [resultado indeseable]
Ejemplo: Cómo su café de la mañana puede conducir a enfermedades del corazón

Tipo: Logro de Celebridad
Cómo [Celebridad] logra [Alcanzar el resultado deseado]
Ejemplo: Cómo Tony Robbins genera 1,000,000 de visitantes a sus sitios web por mes

Tipo: Cómo hacer
Cómo [Resultado deseado] (Sin [Acción desagradable])
Ejemplo: Cómo administrar tu taller automotriz eficientemente sin esfuerzo

Tipo: En Bandeja de Plata
[Número] Maneras simples/fáciles de [Resultado deseado]
Ejemplo: 14 maneras fáciles de ahorrar $ 100 este mes

Tipo: Análisis
Analizamos [Número] [Lo que analizaste]] (Y esto es lo que aprendimos)
Ejemplo: Analizamos 100 millones de artículos (y esto es lo que aprendimos)

Tipo: Tutorial
Un tutorial [Palabra de poder] para [Lograr el resultado deseado]
Ejemplo: Un tutorial completo para hacer un presupuesto

Tipo: Trucos
[Número] trucos para [Lograr el resultado deseado]
Ejemplo: 25 trucos para ahorrar más dinero

Tipo: Explicación

Por qué [Cosa] te hace [Resultado]

Ejemplo: Por qué el alga espirulina te hace más inteligente

Tipo: Los pasos para resultado

[Número] pasos para [Lograr el resultado deseado]

Ejemplo: 4 pasos simples para crear una lista de correo electrónico desde cero

Tipo: WTF

[Persona] y su [objeto] haciendo [actividad extraña o divertida]

Ejemplo: John Cena y sus manos gigantes jugando con una pequeña tortuga

Tipo: Pregunta

Pregunta: ¿Cuál/Qué [tema] eres?

Ejemplo: Pregunta: ¿Qué personaje de Harry Potter eres?

Tipo: Fuerte Declaración

La gente llamó a esta [Persona] un [Título controvertido] después de que él / ella [Actividad controvertida]

Ejemplo: La gente llamó a esta mamá una "exhibicionista" después de tomarse una foto con Santa con su bebé lactando

Tipo: Adivinando el Futuro

No podrá [Lograr Objetivo] hasta que [Acción]

Ejemplo: No podrá perder peso hasta que coma estos alimentos de la Dieta Paleo

Tipo: Noticias

Noticia: [Historia]

Ejemplo: Noticia: Brote de tosferina en tu ciudad

Tipo: Orden

Deja/Detente de [Actividad]

Ejemplo: Deja de vender

Tipo: Razones

[Número] Razones por las que [Resultado]

Ejemplo: 16 razones por las que peleas con tu cónyuge

Tipo: imaginación

Imagina [Resultado deseado]

Ejemplo: Imagina convertirte en millonario

Tipo Métodos Poco Conocidos

[Número] Formas poco conocidas de [Resultado deseado]

Ejemplo: 13 trucos poco conocidos de llamada a la acción que puedes usar en tu sitio web

Tipo: Evitar la Ignorancia

Lo que debe saber sobre [Tema]

Ejemplo: Lo que debe saber sobre su Roth IRA

Tipo: interrupción

Cómo [Afirmación que va en contra de lo que la mayoría de la gente piensa que es verdad]

Ejemplo: Cómo la fruta te hará engordar

Tipo: Problema/solución

Por qué [problema] (y qué hacer al respecto)

Ejemplo: Por qué no obtiene tráfico a su sitio web (y qué hacer al respecto)

Tipo: Resumen de Expertos

[Número] [Tipo de Experto] comparte su [Tema]

Ejemplo: 14 nutricionistas comparten sus recetas favoritas a base de plantas

Tipo: Recordatorio

Recordatorio: [Reclamación o verdad]

Ejemplo: Recordatorio: su peso no es un reflejo de su salud

Tipo: Comparación

¿Eres más como [X] o [Y]?

Ejemplo: ¿Eres más como un tigre o un león?

Tipo: Trivia

¿Puedes encontrar el problema con este [objeto]

Ejemplo: ¿Puedes encontrar el problema con esta foto?

Tipo: Palabra Clave Inicial

[Palabra clave]: Como [Palabra clave de cola larga]

Ejemplo: Alimentación Saludable 101: Cómo Comer Saludable con un Presupuesto

Tipo: Promesa

Podemos ayudarte a [Promesa] en [Resultado]

Ejemplo:*Podemos ayudarte a* incrementar tu tráfico en 20%

Tipo: Resultados

Como [Resultado Deseado] en [Periodo de Tiempo]

Ejemplo: Como 35 Marketers incrementaron las visitas a su sitio web de 0-10000 en 30 días

Tipo: Acertijo

Estos [Numero] [Objeto] pueden ayudarte a [Desired Outcome]

Ejemplo: Estos 6 alimentos pueden ayudarte a perder 10 kilos

Tipo: Nota al Margen

[Número] Lecciones aprendidas de [Compañía/Persona] (#[Número] Is [Acertijo])

Ejemplo: 7 Lessons We Learned from General Assembly (#2 is Our Favorite)

Tipo: Referencia a Marca

[Fórmula de Encabezado] (Una Guía [Referencia a Marca])

Ejemplo: 134 Maneras de Incrementar el Tráfico Web en 2019 (Una Guía de nivel Google)

Tipo: Urgencia

[Acción] AHORA!

Ejemplo: ¡Corrige tu tasa de Conversión AHORA!

Tipo: Audiencia Objetivo

[Audiencia Objetivo]! estas [Resultado no deseado]?

Ejemplo: Blogger! estás dejando de recibir tráfico web?

Tipo: Aprendizaje

[Declaración]: Lo que aprendimos [Evidencia Respaldada con Datos]

Ejemplo: Los Pop-ups No Han Muerto: Lo que Aprendimos Analizando 2 millones de Pop-ups

Tipo: Curiosidad

Probablemente [Declaración Vaga Para Despertar Curiosidad]

Ejemplo: Probablemente no has leído esto

Apéndice B
Cartas de Ventas para estudiar

A continuación, se presentan más de 80 ligas a páginas de Cartas de Ventas reales para ser estudiadas tanto en el uso de cada uno de los bloques presentados en este libro, como también en su estilo de redacción y diseño estético.

Aunque muchas de las Cartas de Ventas están escritas en inglés por la gran variedad de temas que abarcan, en la sección "Antes de Empezar" de este libro, te mostramos como puede fácilmente ver cada una de esas cartas de ventas traducidas al español.

CARTAS DE VENTAS EN INGLÉS
https://www.geniusbrainpower.com/
https://anabolicrunning.com/
https://hyperbolicstretching.com/men/
https://thefitrise.com/dm/
https://oldschoolnewbody.com/v5/index.php
https://masszymes.com/cb/
http://www.coverthypnosis.net/
https://20daypersuasion.com/index.php
https://www.angularcheilitisfreeforever.com/
https://www.aquaponics4you.com/
https://www.bowlegsnomore.com/
http://www.copypasteincome.com/
https://www.grayhairnomore.com/
http://www.ideas4landscaping.com/
http://www.my-grape-vine.com/
https://www.leakygutcure.com/leaky-gut-syndrome/

https://naturesquickconstipationcure.com/
http://www.skinwhiteningforever.com/
https://cb.spade-nutrition.com/
https://thyroidfactor.com/
https://www.highselfesteemkids.com/
https://www.totalselfesteem.com/
http://www.ultimatecopywriting.com/index-cb.html
https://www.yourbeautydetox.com/
https://www.greenthickies.com/green-smoothie-7-day-detox-diet-plan-lose-weight-feel-better/
https://mastercleansesecrets.com/book.php
https://www.myboatplans.com/
https://sawdust-addict.com/wtc/
http://www.maxswoodworking.com/
http://www.mushroomgrowing4you.com/
http://www.discoverbeekeeping.com/
http://www.furniturecraftplans.com/
https://howtosandafloor.com/the-complete-guide-to-sanding-and-refinishing-wooden-floors/
https://fredsdiyplans.com/cb/
http://www.thehandcrafterscompanion.com/
https://www.woodprofits.com/
https://www.truthaboutabs.com/fat-burning-kitchen.html
https://offer.metaboliccooking.com/home31212303
https://www.aquaponics4you.com/
https://www.ukulelebuddy.com/lessons/
https://froknowsphoto.com/dslr-video-guide/
https://www.guitarcontrol.net/cb/
https://www.musicpromotionmachine.com/
http://www.bellydancingcourse.com/go.htm
http://www.makeamarimba.com/buildamarimba/index.html
https://www.recipesecrets.net/restaurantrecipes/
https://keikos-cake.com/join/
http://deliciousultimaterecipes.pro/
https://theantianxietyplan.com/order/
https://www.braintraining4dogs.com/get-btfd/
https://www.myshedplans.com/go/

https://mypeakbiome.com/w/prebio-lp
https://ultimatesmallshop.com/go
https://www.feelgoodknees.com/feel-good-knees-for-rapid-pain-reliefbauncd7h
https://dotcomsecrets.com/get-dcs-free
https://expertsecrets.com/get-es-free
https://trafficsecrets.com/ts-free-book
https://copywritingsecrets.com/
https://www.go.peterszabo.co/webinar-special-sales-page
https://laptopempires.com/fb-ads-for-bloggers/
https://foundr.com/coursecreation-masterclass
https://www.awai.com/p/is/cbi-dc/
https://www.clickfunnels.com/
https://coaching.copychief.com/ev37827458
https://store.asianefficiency.com/primer/
https://mobilemonkey.com/
https://courses.smartpassiveincome.com/p/123-affiliate-marketing/
https://ebenpagantraining.com/product/how-to-be-an-entrepreneur/
https://book.askmethod.com/
https://www.emailplayers.com/slacker/
https://soul-manifestation.com/sp/sm001-ext/
https://publisherrocket.com/
https://nathanbarry.com/authority/
https://nathanbarry.com/webapps/
https://landing.smartmarketer.com/pages/sem-20
https://landing.smartmarketer.com/pages/tmtp-digital
https://pages.toddbrown.me/bib-book-details-v
https://kcf.clickfunnels.com/3-a
http://kcf.clickfunnels.com/audiobook-profits-a
https://www.mindvalley.com/hypnotherapy/special
https://www.mindvalley.com/superbrain
https://www.mindvalley.com/psychology-of-winning/special
https://www.mindvalley.com/money/special

CARTAS DE VENTAS EN ESPAÑOL
https://adiosdolordeespalda.com/
https://adioscistitis.com/

http://www.alimentosparabelleza.com/
http://comoquedarembarazada.net/
https://gimnasiafacial.net/
https://varicesnuncamas.com/
http://www.adios-varices.com/

Apéndice C
Lectura Recomendada

A continuación, te presento una lista con algunos de los mejores libros sobre redacción publicitaria escritos por los grandes copywriters de todos los tiempos.

1.- **Influence, The Psychology of Persuasion** - Robert B. Cialdini

2.- **Breakthrough Advertising -** Eugene M. Schwartz

3.- **Cashvertising** - Drew Eric Whitman

4.- **Great Leads** - Michael Masterson & John Forde

5.- **How to Write a Good Advertisement** - Victor O. Schwab

6.- **Ogilvy On Advertising** - David Ogilvy

7.- **Scientific Advertising** - Claude C. Hopkins

8.- **Sell With a Story** - Paul Smith

9.- **El libro de las cartas de venta de Robert Collier** - Robert Collier

www.ingramcontent.com/pod-product-compliance
Lightning Source LLC
Chambersburg PA
CBHW070537220526
45467CB00003B/977